Kirsten Brodde

PROTEST!

Kirsten Brodde

PROTEST!

Wie ich die Welt verändern
und dabei auch noch Spaß haben kann

LUDWIG

FSC
Mix
Produktgruppe aus vorbildlich bewirtschafteten Wäldern und anderen kontrollierten Herkünften
Zert.-Nr. SGS-COC-001940
www.fsc.org

Verlagsgruppe Random House FSC-DEU-0100
Das für dieses Buch verwendete
FSC-zertifizierte Papier *Munken Premium Cream*
liefert Arctic Paper Munkedals AB, Schweden.

Lektorat: Dunja Reulein, München

http://www.ludwig-verlag.de
Umschlaggestaltung: Eisele Grafik-Design, München
Umschlagfotos: Jupiterimages und Kazuhiro Tanda/
Photodisc, GettyImages
Satz: Leingärtner, Nabburg
Druck und Bindung: GGP Media GmbH, Pößneck
Printed in Germany 2010

ISBN: 978-3-453-28016-8

Inhalt

Prolog 9

Kapitel 1

Soll ich? – Warum es klug ist, sich zu engagieren 15

Aktion: Kunst versus Kommerz 29

Kapitel 2

Protest gegen Millionenbonus – Geld zurück, Herr Nonnenmacher! 33

»Warum ich keine Steuern zahle« – Billy Bragg gegen die Selbstbedienungsmentalität der Banker 49

Aktion: Die radelnde Straßensperre 52

Kapitel 3

Rechtsextremismus – Die Frau, die genau hinguckt 57

Keine Schockstarre in Gräfenberg – Bürger wehren sich gegen rechts 65

Aktion: Die alte Dame und das Militär 66

Aktion: Klimaschutz in neun Minuten 69

Kapitel 4

Müllexporte – Das Müllionending 73

Kastanie Häusserstraße! – Wie Andreas Bernstorff einen Baum retten würde 84

Aktion: Gegen die Datenkrake 87

Aktion: Recht auf Info 89

Kapitel 5

Soziales Engagement – Neue Rezepte gesucht 93

Preise für Sozialhelden – Wer etwas verändern will, braucht keine Superkräfte 107

Aktion: One2One – Hilfe für Uwe 109

Aktion: Bildung für Flüchtlinge 111

Kapitel 6

Fußballfans – Das Echo von der Tribüne 115

Pyrotechnik bringt Farbe ins Spiel – Fans spucken Feuer 123

Aktion: Kultur für alle 125

Kapitel 7

Guerilla-Gärtnern – Zu den Waffen! Greift zum Spaten! 129

Ackern in der Stadt 139

Aktion: Die Stadt zurückerobern 141

Aktion: Freies Obst für alle und »Maptivism« 143

Kapitel 8

Kinder und Jugendliche – Mein erstes Mal 147

Eure Ziele sollten SMART sein! – Was man sich vorher überlegen sollte 160

Aktion: Stille Demo 162

Kapitel 9

Umweltschutz – Veräppelt 167

Fake-Videos: »Affentöter« – Greenpeace-Video beschert Nestlé ein PR-Desaster 177

Aktion: Yes Men – die Perfektion des Protests 179

Aktion: Gegen den Konsumrausch 182

Kapitel 10

Internetprotest – Netzwerke stricken 187

Christoph Bautz über das Internet als Mobilisierungsmaschine 201

Aktion: Sex (and Gorillas) in the City 213

Aktion: Hüllenlos schocken 215

Epilog 217

Dank 221

Bildnachweis 223

Prolog

Ich habe noch keine zehn Worte gesprochen, da fliegt mir schon der erste Zwischenruf entgegen. Bloß nicht unsouverän wirken, denke ich. Bloß nicht verhaspeln. 100 Sekunden sind nicht lang, wenn man seine Sache präsentieren will. Zumal ich im Hamburger Rathaus stehe, wo man gemeinhin längere Regierungserklärungen hört. Gelegentlich auch zu weniger wichtigen Themen.

Aber im Format des Hamburger N-Klubs (»N« steht für Nachhaltigkeit) darf jeder nur für 100 Sekunden auf die Empore, um zu reden. Ich bin keine zartbesaitete Zeitgenossin, aber jetzt bliebe ich lieber auf dem Barhocker sitzen, statt die Balustrade zu erklimmen.

Genau um diese Hürde geht es aber. Den Mut zu finden, sein Unbehagen über all die ungelösten Probleme dieser Welt öffentlich zu äußern und sich jenseits von Parteien politisch zu engagieren. Dafür plädiere ich an diesem Abend leidenschaftlich und komme in 100 Sekunden auf hundert.

Das ist insofern verständlich, weil ich eigentlich nur mein aktuelles Lebensgefühl artikuliere. Mir ist das Vertrauen in die Politik verlorengegangen. Sie kommt mir vor wie Goliath: groß, ungelenk und furchtbar hässlich. Ein hochgerüstetes Monstrum, das trotzdem nicht die richtigen Mittel findet. Ich dagegen bin hoch beweglich und kämpfe mal im Internet und mal auf der Straße.

Mehr David – weniger Goliath. Das ist meine Botschaft. Entdeckt den politischen Effekt des Einzelnen neu. Seid sichtbar, spürbar und originell. Natürlich muss nicht jeder gleich an der Spitze einer Bewegung marschieren. Nichts spricht dagegen, erst mal mit einem Brief an den Oberbürgermeister und einer aktiven Geste zu starten und sich dann zu steigern. Nicht jedem liegt eben gleich der Kraftakt. Seinen Ton muss man finden.

Im N-Klub fruchtet mein Appell. Gegen weitere Zwischenrufe muss ich nicht anreden. Manche nicken mir demonstrativ zu. Meinen Tatendurst teilen viele hier. Als der Stress abklingt, beschließe ich: Ein Anliegen in 100 Sekunden präsentieren zu können, ist ein gutes Training für jeden Aktivisten. Den Rest der Debatten an diesem Abend führe ich trotzdem sitzend auf dem Barhocker.

Generell ist mein Gefühl, dass die Menschen sich eigenständig für ihre Interessen einsetzen wollen, in der Schule, im Job oder eben auch auf der Straße. Sie wollen die Welt verändern, wollen politisch aktiv sein und hungern nach Vorbildern. Sie haben den Kanal voll in Anbetracht der Tatsache, dass die Welt baden geht und die Politik nichts tut. Ihre Wut reicht von Kindergärten bis Klimawandel: Eltern ärgern sich schwarz, da ihre Kinder keinen Kindergartenplatz bekommen, obwohl die Politik sagt, dass Früherziehung wichtig ist. Jugendliche treibt das Versagen der Politiker in Kopenhagen auf die Straße und die pure Verzweiflung über den Klimawandel.

Trotzdem weiß ich aus vielen Gesprächen, wie ungewohnt es für viele ist, sich zu engagieren, und spüre bei ihnen die Angst, sie könnten sich womöglich in Schwierigkeiten bringen. Genau deswegen habe ich dieses Buch geschrieben.

In zehn Kapiteln werden Kampagnen und Persönlichkeiten vorgestellt, die sich auf einzigartige und mutige Weise für ein Anliegen auf ökologischem, sozialem oder kulturellem Gebiet starkmachen. Es geht sowohl um handfesten körperlichen Einsatz und klassische Aktionen als auch um modernere Aktivitäten im Internet. Die Beispiele sind von alt nach neu geordnet, immer aber stehen ganz normale Menschen im Mittelpunkt, keine großen Stars, sondern solche, die als Nobodys angefangen haben. Um nicht als Märchentante aufzutreten, schildere ich anfangs auch meine eigenen Erfahrungen als Solo-Aktivistin und warum ich nach zehn Jahren Greenpeace trotzdem noch einmal auf die Protestschule ging. Aus dem Nähkästchen plaudern aber auch viele erfahrene Aktivisten. Ihre Rezepte sind für jeden Neueinsteiger Gold wert.

Denn Hingabe ist schön, aber um erfolgreich zu sein, braucht es vor allem eine Strategie. Wer ist der Gegner, wo finde ich wenn nötig Unterstützer, welche Etappenziele will ich erreichen und welche Rechtsbrüche begehe ich womöglich?

Die gute Nachricht ist: Viele der Antworten, die die Menschen hier im Buch gefunden haben, lassen sich auf Ihre Anliegen und ins Kleine übertragen.

Lassen Sie sich von der Nazi-Putze, dem Müllexportgegner, der Tafel-Frau, dem Fußballfan oder dem Carrotmobber inspirieren und ahmen Sie ihre Beispiele praktisch nach. Am Ende jedes Kapitels finden Sie leicht verdauliche Merksätze. Das ist anders als in der Schule: Spicken ist erlaubt und Nachmachen deutlich erwünscht.

Das Buch ist eine Wundertüte. Wer bei den längeren Lesestücken nicht fündig wird, findet die ihm gemäße Aktionsform vielleicht in den kürzeren Beispielen wilden Protests. Da gibt es Alltägliches und Exotisches, Bürgerliches und Radikales. Mehr (Auf-)Begehren wagen – diese Haltung eint sie alle.

Für mich ist Politik nicht mausgrau, sondern aufregend – manchmal aufreibend – und kann etwas bewegen. Sie fragen sich, was Sie schon tun können? Ich sage: eine ganze Menge. Meine Erfahrung ist: Nach der ersten Aktion sieht die Welt anders aus.

»Als Aktivist (lat. activus = tätig, aktiv) wird eine Person bezeichnet, die in besonders intensiver Weise für die Durchsetzung bestimmter Ziele eintritt.«

Wikipedia

»Ich habe damals gelernt, dass man auch als Einzelne etwas bewegen kann.«

Bürgerrechtlerin Barbara Bohley zum Mauerfall im Interview auf www.sz-magazin.sueddeutsche.de

Kapitel 1

Soll ich? – Warum es klug ist, sich zu engagieren

Kennen Sie Rosa Parks? Die farbige Näherin löste mit einer mutigen Geste den legendären Busboykott in Montgomery im us-Bundesstaat Alabama aus, der die Rassendiskriminierung im Süden beenden sollte.

Am Abend des 1. Dezember 1955 fährt Rosa Parks mit dem Bus nach Hause. Sie setzt sich in eine der Reihen, wo Schwarze sitzen dürfen, sofern kein Weißer den Platz beansprucht. Als weiße Fahrgäste einsteigen und einer keinen Platz mehr findet, ist es so weit. Der Busfahrer fordert die Farbigen auf, ihre Plätze frei zu machen.

Rosa Parks bleibt sitzen. Weigert sich standhaft, aufzustehen. Der Busfahrer holt zwei Polizisten, die die 42-Jährige verhaften und ins Stadtgefängnis bringen. Vom kommenden Tag an benutzt keiner der afroamerikanischen Bewohner von Montgomery mehr den Bus. Stattdessen bilden sie Fahrgemeinschaften, stellen sich als Anhalter an die Straße oder nehmen ein Taxi. Etliche gehen zu Fuß. Die Busse, die von der Polizei eskortiert werden, bleiben leer.

382 Tage nach Beginn des Boykotts ist es geschafft. Die Rassentrennung in Bussen wird aufgehoben. Rosa Parks, auf deren Zivilcourage der Erfolg beruht, wird bis

heute als Mutter der Bürgerrechtsbewegung in den USA gefeiert. Wohlgemerkt ist dieser Star der Bewegung als Nobody gestartet.

Der Clou der Geschichte ist aber nicht, dass Rosa Parks alleine war, dass die Aktion überschaubar war, nicht einmal, dass ihr Engagement sich gelohnt hat.

Das Bemerkenswerteste ist: Rosa Parks hatte geübt. Sie blieb nicht aus einer Laune heraus sitzen, sondern hatte vorher ein Seminar über zivilen Ungehorsam besucht. Warum, darüber lässt sich nur spekulieren. Womöglich, weil sie sich nicht mehr herumschubsen lassen wollte, ihr aber die Vorstellung, selber aktiv zu werden, noch fern lag. Sie scharrte einfach noch nicht mit den Füßen, sondern brauchte Einstimmung.

Ihr Lehrer war der indische Aktivist und Gandhi-Schüler Ram Manohar Lohia, der auf Einladung der Highlander Folk School in Monteagle/Tennessee in den USA weilte. An dieser Universität für Schwarze besuchte Rosa Parks sein Seminar. Im Bus entschied sie sich dann, den passiven Widerstand auszuprobieren und eine deutliche Geste zu wagen.

Das ist die Botschaft, um die es geht. Jeder kann es. Man muss sich nur zum Protest entschließen. Und sich etwas abgucken. Das gilt umso mehr, als alle, die gestern und heute etwas verändern wollen, eines eint: Wir sehen uns erst einmal in der Minderheit und mit schlechten Chancen. Nur unser Gefühl von Verzweiflung und hilflosem Zorn ist so gewachsen, dass wir keine Zuschauer mehr sein wollen, sondern aufstehen und selber aktiv werden.

Jeden Tag sehen wir in den Nachrichten, dass die Lage ernst ist und die Welt in eine Richtung driftet, die wir als

Rosa Parks zusammen mit Martin Luther King (um 1955)

katastrophal empfinden. Wir sehen Bilder von Stürmen, Dürren und Fluten, die Teile der Erde unbewohnbar machen. Wir wissen, dass die globale Erwärmung nicht vor unserer Haustür haltmachen wird. Seit die Wirtschaftskrise vor zwei Jahren begann, sehen wir Menschen, die in langen Schlangen vor Arbeitsämtern stehen und um ihre Existenz fürchten. Und wir blicken in die Gesichter von hungrigen Männern, Frauen und selbst Kindern, die vor Suppenküchen warten. Wir finden, dass das so nicht weitergehen kann. Fassungslos fragen wir uns, warum keiner etwas tut.

Dazu kommt die Kluft zwischen Bürgern und Politikern. Sie ist nicht neu, aber war noch nie so tief wie heute. Die, die in Deutschland Politik machen, erscheinen uns so seltsam entrückt, fern und fremd wie die oberen Luftschichten des Planeten. Vor allem in Wahlkampfzeiten. Schon die Hohlheit und die Phrasendrescherei des Bundestagswahlkampfs 2009 ließen uns befürchten, die Demokratie in Deutschland gehe früher oder später den Bach runter, weil sich niemand mehr für sie interessiert. Entlarvt wurde die Ödnis unter anderem durch Flashmobs, wo Aktivisten die monotonen Reden der Politstars im ironischen Dauergejubel untergehen ließen (siehe Kapitel 10).

Das Fass zum Überlaufen brachte die Konferenz in Kopenhagen, auf der sich die Goliaths dieser Welt trafen, um internationale Klimaschutzziele zu vereinbaren. Sie verließen das diplomatische Parkett mit leeren Händen.

Spätestens nach dem Scheitern von Kopenhagen ist klar: Wir können auf Politik nicht mehr hoffen, sondern müssen – salopp gesagt – selbst den Hintern hochkriegen. Soziologen sprechen weitaus eleganter von der Revolutionierung unseres Alltags.

Sich mit der Lage nicht abfinden wollen und konfrontative Gegenaktivitäten wagen – so tickte auch ich, als ich bei Greenpeace begann. Zehn aufregende und aufreibende Berufsjahre habe ich dort verbracht. Dieser Motor war es auch, der mich vor zwei Jahren in die Modebranche trieb, wo Umweltschutz und Menschenrechte sträflich missachtet werden. Empört über Kinderarbeit und Hungerlöhne rückte ich dem Tchibo-Konzern auf die Pelle, der Pars pro Toto für die ganze Branche stand. Bis heute treibt mich dieses Thema um, als Aktivistin und Journalistin. Was ich bei Tchibo & Co. in puncto Ökologie und Ethik erreichen konnte, zeigt, wie wirkungsvoll der Protest von Einzelnen sein kann. Bei Tchibo habe ich Feuer gefangen und bin von diesem Erfolg ermuntert auf einen gierigen Bankchef und eine Wirtschaftselite losmarschiert, deren Missetaten uns momentan teuer zu stehen kommen. Doch dazu später (siehe Kapitel 2).

Meine Zeit bei Greenpeace und meine Aktivitäten haben mich jedoch nicht davon abgehalten, mich weiterzubilden und auf die Protestschule zu gehen. Wie Rosa Parks.

So reiste ich Ende Januar 2010 nach Verden/Aller zum Seminar »Kreative öffentliche Aktionen: Formen. Ideen. Entwicklung« der Bewegungsakademie, das komplett ausgebucht war. Ausgerechnet das biedere Örtchen Verden ist ein Brutkasten für politischen Protest und päppelt jede Menge Nachwuchs auf, der noch eine Dosis Wärme und Licht braucht. Das hat Tradition: Im Ökozentrum in Verden wurde einst Attac gegründet, eine Organisation, die immense Strahlkraft entwickelte und deren vor zehn Jahren utopisch anmutende Ideen zur Regulierung der Finanzmärkte heute sogar von der guten alten Tante SPD im Bundestag vertreten werden.

Ich wollte wissen, welche Kreativität in der Szene schlummert und was man alles machen kann. Vor allem wollte ich eine neue Kampagne ausbrüten und erproben, ob sich bewährte Greenpeace-Muster mit frischeren Aktionsformen kreuzen lassen.

Die Lehrer der Akademie blicken meist selbst auf eine langjährige Widerstandsbiografie zurück. Marc Amann etwa, studierter Psychologe, ist Spezialist für kreative Aktionsformen am Rande zur Performance. Amann, ein jungenhafter Typ, sammelt »Aktionsgeschichten«.

In den nächsten drei Tagen zapften wir sein Gedächtnis an und ließen uns von Radioballett, Reclaim-the-streets-Partys und Clownsarmeen inspirieren. Allesamt Aktionsformen jüngeren Datums. Wer Amann nach dem besten Protest aller Zeiten fragt, hört Historisches wie die spanische Revolution von 1936 oder die Landlosenbewegung MST *(Movimento dos Sem Terra)* in Brasilien, die 1984 gegründet wurde und für Hunderttausende von Familien Land erkämpfte. 1991 wurde die Bewegung mit dem Alternativen Nobelpreis geadelt.

Das zeigt, dass eigentlich keine Idee und Aktionsform so alt sein kann, dass sie nicht noch einmal auf ihre Tauglichkeit geprüft werden könnte. Vieles ist uns nur nicht mehr gegenwärtig. Selbst an die »Brent Spar«-Kampagne von Greenpeace gegen die Versenkung einer Ölplattform im Meer, die erst 15 Jahre zurückliegt, erinnern sich viele der jüngeren Teilnehmer in Verden nicht mehr. Dabei war es die größte Mitmachaktion in der Geschichte Deutschlands, bei der Millionen von Verbrauchern den Ölkonzern Shell mit einem Tankstellen-Boykott in die Knie zwangen. Wochenlang hatte der

Konzern den Volkszorn zu spüren bekommen, bis er aufgab. Der erfolgreiche Verbraucherboykott »Brent Spar« gehört für mich zum besten Protest aller Zeiten. Seit im Golf von Mexiko Hundertausende Liter Öl pro Tag ins Meer fließen, rückt die Aktion wieder ins kollektive Gedächtnis.

Als Erstes lerne ich in Verden, dass der historische Rückblick sich lohnt. Wir können aus der Vergangenheit lernen. Wir denken nur immer in zu großen Dimensionen, an Transparente in Bettlakengröße und 100 000 Menschen bei einer Demonstration. Dabei können auch kleine Aktionen etwas bewegen – und was klein begonnen hat, kann groß werden.

Zweitens lerne ich, dass Aktionen stärker als früher ein Spielfeld für Kreativität sind und ziemlichen Spaß versprechen. Ehrlich gesagt macht das auch für mich einen erheblichen Reiz aus. Ob Masken, Musik oder Puppen: Gerade Jugendlichen ermöglichen diese originellen Formen, sich in Sachen Nichtkonformität mal auszuprobieren. Wahrlich bunt und expressionistisch wurden dadurch die großen Globalisierungsproteste in Seattle, Prag oder zuletzt Heiligendamm. Die Sache ist verdammt ernst, die Aktionsformen sind aber unbeschwerter und fröhlicher als früher. Wer sich für Aktionen an der Grenze zur Performance interessiert, wurde vor allem auf der Subversivmesse im österreichischen Linz fündig (http://subversivmesse.net). Zum Repertoire gehörten ein Sabotagebeichtstuhl, in dem man Geschichten vom Nicht-Brav-Sein erzählen konnte, eine »Hörstörung« mit Radios an Luftballons, mit denen man sich Sendeplatz verschaffen konnte, oder der »Antipreneuershop«, der den

Konsumwahn satirisch aufspießte. Zu kaufen gab es dort selbstverständlich nichts.

Sicher ist, dass die bunten Elemente selbst die gute alte Demo revitalisiert haben. Zur Menschenkette im April 2010, die zwischen den Atomkraftwerken Krümmel und Brunsbüttel gebildet wurde, kamen über 100 000 Menschen. Popstars spielten auf, es gab Plakate und Fahnen, schrille Politikermasken, Trillerpfeifen und Krachmacher. Es war eine der größten Demonstrationen der Anti-Atomkraft-Bewegung und ein Volksfest, wie es Deutschland seit Jahrzehnten nicht erlebt hat. Übrigens wurde dieses Massenevent vorher geübt: Ein Wochenende zuvor gab es in etlichen deutschen Städten Mini-Menschenketten. In Hamburg war ich selbst dabei – mit meinem Teenagersohn, für den diese Demo inklusive stundenlangem Stehen plötzlich die coolste Sache der Welt war. Während das sperrige Thema Verlängerung der Laufzeiten von Atomkraft nur seinen Kopf ansprach, erreichte das Gemeinschaftserlebnis Menschenkette auch sein Herz. Womöglich machte das den Reiz aus, meine Sorge, ob genügend Demonstranten kommen würden, erwies sich als unbegründet.

120 Kilometer Widerstand – logistisch durchaus nicht ganz trivial – atmeten vor allem eine Botschaft: Jeder kann ein Aktivist sein. Jeder ist ein Produzent von Politik. Es reicht nicht, alle paar Jahre zur Wahl zu gehen. Es ist nicht genug, ein paar Euro Beitrag an Greenpeace oder Foodwatch zu zahlen. Nicht mal ein gelegentlicher Bürgerentscheid stillt den Wunsch nach Teilhabe.

Natürlich frage ich mich, ob sich solches Engagement quasi von jedem zu wünschen nicht zu viel verlangt ist.

Etwa von Menschen, die täglich ihrem Job nachgehen und ihre Kinder aufziehen. Wir haben alle viel zu tun. Ist es realistisch vorstellbar, auch noch Politik in den Alltag zu integrieren?

Meine Empfehlung ist, klein anzufangen und die Exotik der Politik zunächst vor der eigenen Haustür zu entdecken. Anliegen zu verfolgen, die lokal verwurzelt, einfach und konkret sind. Ärgernisse wie den Lärm der neuen Baustelle, die Schließung des Bürgerzentrums oder das Fällen aller alten Bäume am Kanal. Wer einmal gemeinsam mit den Nachbarn einen Protestbrief geschrieben hat, weil der neue Kinderspielplatz noch nicht ausreichend zur Straße abgesichert ist, fühlt sich schon großartig. Wer dann noch einen Zaun und zwei Tore für den Spielplatz erreicht, spürt plötzlich Einfluss ganz unmittelbar.

Schon einen papierenen Brief an eine offizielle Stelle zu schreiben ist nicht mehr selbstverständlich. Und herauszufinden, wer zuständig ist, raubt einem die Energie. Wer aber mal mit ganz kleinen Sachen angefangen hat und den Schritt ums Eck wagt, der geht vielleicht auf die erste Demo und streitet gegen das neue Kohlekraftwerk in der Stadt, das ein internationaler Energieriese baut. Die Unterschrift pro Re-Kommunalisierung und für ein eigenes Stadtwerk ist dann leicht gegeben.

Den Radius zu erweitern, das geht. Ein aktuelles Beispiel aus Hamburg belegt, wie man den Vor-der-Haustür-Aktionismus wirkungsvoll erweitern kann, indem man sich etwa in die Stadtentwicklung einmischt. Und wie viel Erfolg das haben kann.

Im August 2009 wurde das Hamburger Gängeviertel – ein einstiges Arbeiterquartier – durch 200 Künstler besetzt, um sich gegen das Verhökern des innerstädtischen Quartiers an einen Investor zu wehren. Der Widerstand gegen die Stadtentwicklungspolitik und leblose Glasarchitektur sprach so viele Hanseaten an, dass die Allianz aus Künstlern und Bürgern zum Stachel im Fleische des Hamburger Senats wurde. Die Stadt beschloss eine große und bundesweit viel bestaunte Kehrtwende und kaufte das Areal vom ausländischen Investor zurück (siehe »Kunst versus Kommerz«, Seite 29 f.).

Der lokale Protest ist nach meinen Beobachtungen ein wirksames Gegenmittel gegen das tief im deutschen Bewusstsein verankerte Gefühl: Ruhe ist Bürgerpflicht. Allzu schnell fürchten wir als notorischer Querulant zu gelten. Umgekehrt wird ein Schuh daraus: Seine Meinung zu sagen, Besorgnis, Zorn und Wut öffentlich zu äußern, gehört zu einer lebendigen Demokratie ganz selbstverständlich dazu. Diesen Spirit gilt es wiederzuentdecken. Ich bin sicher: Die Demokratie kann unsere Proteste nicht nur ertragen, diese Art von Unruhe ist geradezu ein belebendes Elixier für die Zivilgesellschaft.

Der Verdacht liegt nahe, dass auch Autoritätsfurcht die Menschen davon abhält, sich lautstark zu artikulieren, einen Entrüstungssturm im Web zu starten oder auf der Straße zu stehen. Man muss sich aber klarmachen, dass einem eigentlich keine Unbill droht. Was soll denn beispielsweise eine Bausenatorin machen, der lärmgeplagte Bürger postalisch Dezibel-Messwerte und die gültige Lärmschutzverordnung um die Ohren hauen? Sie wird die Behördenmaschinerie in Gang setzen und nicht die Staatsanwaltschaft in Richtung couragierter Bürger. Im Gegenteil: Widerborstige Bürger verfügen über juristische Rückendeckung, die nicht zu unterschätzen ist. Generell sind selbst handfeste Formen des Protests von höchster Stelle abgesegnet.

Zu Unrecht umstritten war die Protestaktion von Bundestagsvizepräsident Wolfgang Thierse. Ihm wurde vorgeworfen, er habe die Würde des Amtes verletzt, weil er sich im Mai 2010 an einer Sitzblockade gegen Neonazis beteiligte. Sicherlich: Der Neonazi-Aufmarsch war von den Behörden genehmigt worden und musste daher von der Polizei geschützt werden. Das heißt aber nicht, dass man dagegen nicht gewaltlos protestieren dürfte. Seit dem Verfassungsgerichtsurteil vom 10. Januar 1995 steht fest, dass Sitzblockaden keine Gewalt darstellen. Das Gericht hat diese Form des zivilen Ungehorsams entkriminalisiert, die in der Friedensbewegung eine bedeutsame Rolle gespielt hat. Zehn Jahre zuvor hatte das Bundesverfassungsgericht in seinem Brokdorf-Urteil friedlichen Protest als »ein Stück ursprünglich-ungebändigter unmittelbarer Demokratie« bezeichnet. Man kann das getrost als historische Feiertage für Aufmüpfige bezeichnen.

Richtig ist aber, dass die Welt noch nie im Konsens verändert wurde, sondern immer gegen den Widerstand derjenigen, die sich nicht auf neue Verhältnisse einstellen wollten. Und natürlich weiß man vorher nicht, ob es wirklich klappt. Etwas Pathos sei hier erlaubt. Deutschland sähe anders aus, hätten vor 20 Jahren nicht Zehntausende Montagsdemonstranten der Stasi die Stirn geboten. Und natürlich wussten die Bürgerrechtler damals nicht, ob sie gewinnen würden. Genauso wenig wie diejenigen, die das Landminenverbot erreichten oder den völkerrechtlichen Bann von Giftmüllexporten von reichen in arme Nationen (siehe Kapitel 4). Und das sind nur Beispiele für Proteste, von denen ganze Generationen schwärmen und die belegen, dass es sich lohnt. Wir können uns aber wohlgemut in diese Tradition stellen. Grund für einen Minderwertigkeitskomplex gibt es nicht.

Im Gegenteil: Es sind gute Zeiten für Aktivisten. Im Kern zeichnet diese Menschen aus, dass sie sich fürs Gemeinwohl einsetzen. Ihre Interessen hinter die von anderen zurückstellen. Über den Tellerrand sehen. Seit dem Beinahezusammenbruch der Finanzwelt und einem allein auf Gier und Egoismus gegründeten Wirtschaftssystem stellen viele Bürger das Prinzip Eigennutz infrage und suchen nach neuen Formen der Solidarität mit anderen. Egal ob soziales oder politisches Engagement, beides bietet eine Chance für altruistisches Handeln. Das ist durchaus schick geworden. Spätestens nachdem das amerikanische Volk einen ehemaligen Sozialarbeiter aus den Armenvierteln Chicagos zum Präsidenten wählte. Der Aufstieg Barack Obamas zum mächtigsten Gutmenschen der Welt sollte jedem Mut machen, der sich engagieren will.

Merke

Wir denken immer in zu großen Dimensionen. An Transparente in Bettlakengröße oder die schiere Masse von 100 000 Demonstranten. Dabei kann auch jeder Einzelne etwas machen, was Schlagkraft hat. Nicht jeder ist gesellig und steht auf Vielrednerei und zwischenmenschliches Bohei, was bei Vereinen und Organisationen an der Tagesordnung ist. Ich bin sicher, dass auch Ein-Mann- oder Ein-Frau-Aktionen am großen Beispiel lernen können. Viele Merkmale von erfolgreichen Kampagnen lassen sich ins Kleine übertragen. Was auf den ersten Blick kompliziert erscheint, folgt dann doch verblüffend einfachen Regeln.

Mehr zum Thema

Marc Amann (Hrsg): *go.stop.act. Die Kunst des kreativen Straßenprotests*. Trotzdem Verlagsgenossenschaft, Frankfurt 2005.

Sandra Benz/Vera Warter: *Protest. Handbuch für erfolgreiche Demonstrationen, Attacken und Aktionen*. Benzwarter GBR 2010.

Hanna Poddig: *Radikal mutig. Meine Anleitung zum Anderssein*. Rotbuch Verlag, Berlin 2009.

Chris Rose: *How to win campaigns. 100 steps to success.* Earthscan 2005.

Roland Roth/Dieter Rucht (Hrsg.): *Die sozialen Bewegungen in Deutschland seit 1945. Ein Handbuch.* Campus Verlag 2008.

Harald Welzer: »Apo statt Kalypse. Zeit für eine Apo 2.0.« FAZ-Artikel unter http://www.faz.net/s/RubCF3AEB154CE64960822FA5429A182360/Doc~E7E5AA1BEE6B0498EB9511CAA3DE5A83A~ATpl~Ecommon~Scontent.html

Die Bewegungsakademie bietet ein bemerkenswertes Programm für politisch Engagierte, die Bewegungsstiftung sogar Stipendien für Vollzeit-Aktivisten. Mehr unter: www.bewegungsakademie. de; www.bewegungsstiftung.de

Kunst versus Kommerz

Worum ging es?

Zwei eng bedruckte DIN-A4-Seiten hatte der Hamburger Journalist Christoph Twickel im Herbst 2009 auf einem Computer zusammengehackt. Aber die hatten es in sich. Das Manifest »Not in our Name, Marke Hamburg« ist ein knackiges Plädoyer gegen den Ausverkauf der letzten Künstlernischen in Hamburg und für eine bessere Stadtentwicklungspolitik. Es brachte das Gefühl der rund 200 Künstler auf den Punkt, die Ende August 2009 das Gängeviertel in Hamburg besetzen, um bezahlbare Ateliers zu fordern. Die Stadt hatte das leerstehende Areal an einen Investor verkauft, der die Gebäude abreißen und lukrative Büroflächen bauen wollte. Die Hausbesetzer zogen in die maroden Wohnungen ein, über Tag renovierten sie, abends wurde gefeiert. Der Besucherandrang war immens. Für viele der jungen Leute war es die erste Hausbesetzung ihres Lebens, obwohl Hamburg mit der Hafenstraße hier lange Erfahrung hat. Heute sind die Häuser in der Hafenstraße übrigens ein Touristenmagnet. »Wir müssen dafür kämpfen, dass Städte wieder zu Gemeinwesen werden«, sagt Twickel, der inzwischen ein angriffslustiges Buch mit dem Titel *GENTRIFIDINGSBUMS oder Eine Stadt für alle* geschrieben hat. Für alle, die um die Nutzung der Städte streiten wollen.

Was hat es gebracht?

Die Hausbesetzer und die Initiative rund um Twickel hatten einen Nerv getroffen – den Ausverkauf der Stadt an Immobilienhaie. Hamburgs junger Kreativenaufstand sorgte deutschlandweit für Aufruhr, wochenlang diskutierten die Feuilletons über die Besetzung des Gängeviertels. Der hartnäckige und kreative Protest zeigte nach einigen Monaten Wirkung: Die Stadt zahlte den Investor aus und kündigte an, mit den Besetzern gemeinsam ein Konzept für das Areal zu entwickeln. Noch allerdings misstrauen viele Künstler der überraschenden Kurswende des Senats.

Wie geht es?

Wem eine Hausbesetzung ein Zacken zu viel ist, aber seine Stadt am Herzen liegt, der kann als Einstieg etwas weniger Revolutionäres probieren. Es gibt auch legale Wege, Häuser vor dem Verfall zu retten und sie zu revitalisieren. Eine Möglichkeit ist die »Zwischennutzung«. Dafür muss ein Verein her, der die treuhänderische Nutzung des Gebäudes mit dem Eigentümer aushandelt. Mehr Infos unter www.haushalten.org.

»Ich habe kein schlechtes Gewissen.«
Nordbank-Chef Dirk Jens Nonnenmacher im Interview auf
www.abendblatt.de

Kapitel 2

Protest gegen Millionenbonus – Geld zurück, Herr Nonnenmacher!

Mein erster Banküberfall: Wie ich in eine Filiale der HSH Nordbank marschiere und eine Barauszahlung vom persönlichen Konto des Bankchefs verlange. Dessen Millionenbonus steht eigentlich den Bürgern zu.

Die Polizei ist ganz gelassen. Zwar eilen sie nur zehn Minuten nach dem Anruf der Sicherheitskräfte in die Filiale der HSH Nordbank. Sie nehmen meine Personalien auf, aber auch meine Protestpostkarte mit. Auf der ist der stilisierte Bankchef zu sehen, mit dem Kopf nach unten hängend. Eine Hand hält den zappelnden Mann am Bein fest und schüttelt ihm Geld aus der Tasche. Die Euros rieseln auf die Silhouette von Hamburg, sprich wieder in die Stadtkasse.

Genau deswegen bin ich hier. Um stellvertretend für die Bürgerinnen und Bürger dieser Stadt dem gierigen Bankchef seinen Millionenbonus wieder abzunehmen, denn dieses Geld fehlt der Stadt. Das erkläre ich auch dem Schalterbeamten hinter der Panzerglasscheibe, dem ich meinen selbst gemalten Scheck hinschiebe. Um nicht so gierig wie sein Chef zu sein, möchte ich zunächst nur bescheidene 24 Euro ausgezahlt haben – allerdings vom Konto von Dirk Jens Nonnenmacher persönlich. Deswegen herrscht in der Bank jetzt große Nervosität.

Ein bulliger Sicherheitsmann verweist mich des Hauses und holt, als ich nicht gehe, die Polizei. Ich bin nicht zartbesaitet, aber jetzt durchaus im Stress. Inzwischen ist auch der Pressechef der Bank in die Schalterhalle gekommen, was an dem Kamerateam von »Spiegel Online« liegt, das die Aktion filmt. Und das ich tunlichst vorher angerufen habe, um Rückendeckung zu haben.

An einer Eskalation ist die Bank offenbar nicht interessiert, man verzichtet auf eine Strafanzeige. Das Image der maroden Landesbank ist ohnehin so schlecht, dass man breite Solidarität für die Solo-Aktivistin fürchten muss. Obendrein nötigt die ungewöhnliche Aktion Pressechef und Pressesprecherin ein Schmunzeln ab, zumal sie als Bürger der Stadt selber ausbaden, was die Bank angerichtet hat. Und ich wahrlich nicht aussehe wie eine Banditin.

Außerdem mache ich keinen Hehl daraus, dass es mir vor allem um den lokalen Gangster geht, der ihr Chef ist. Dirk Jens Nonnenmacher hat einen Bonus von 2,9 Millionen Euro eingesackt, obwohl die Stadt seine Bank mit Milliarden gerettet hat. Dieses Geld fehlt nun der Stadt, und die Bürger leiden darunter. Die HSH Nordbank musste von Hamburg und Schleswig-Holstein vor dem Untergang bewahrt werden – mit einer Kapitalspritze von drei Milliarden Euro und Bürgschaften in Höhe von zehn Milliarden Euro. Das hat die ohnehin desaströse Haushaltslage der Länder zusätzlich belastet.

Zahlen mit neun Nullen haben es zwar sogar in die »Tagesschau« geschafft, aber da es für jeden einzelnen

Die Autorin bei ihrer Protestaktion gegen HSH-Nordbank-Chef Nonnenmacher.

Bürger um viel kleinere Beträge geht, habe ich mir konkret einen einzigen Posten aus dem Hamburger Haushalt ausgesucht, die Preiserhöhung im öffentlichen Nahverkehr. Der HVV, so das Kürzel für die Hamburger Verkehrsbetriebe, gehört ebenfalls der Stadt, so dass der Zusammenhang mit der Bank auf der Hand liegt. Irgendwie ist das ganze Nordbankkrisendingsbums jetzt auch nicht mehr so kompliziert, sondern einfach und handhabbar.

Ein Einzelfahrschein – so rechne ich vor – kostet nun fünf Cent mehr, das macht bei zwei Fahrten pro Werktag zehn Cent und aufs Jahr hochgerechnet 24 Euro. Diese Summe möchte ich wiederhaben. Wenn das alle zwei Millionen Kunden des HVV fordern würden, addierte sich das auf 48 Millionen Euro. Es reichte mir aber schon, wenn er seinen Bonus an die Stadt zurückzahlen und keine weiteren Tantiemen verlangen würde, erkläre ich mit einem gewissen Maß an Ironie.

Ich wusste vorher, dass es trotz des charmanten Rechenbeispiels Ärger geben würde, aber mein Zorn auf den Bankchef war größer. Ich machte im Brennglas sichtbar, was die Missetaten des Bankers uns kosten. Zumal es hier nicht um eine Naturkatastrophe geht, sondern um ein aus Gier und Größenwahn geborenes Schlamassel. Dirk Jens Nonnenmacher steht Pars pro Toto für Bankmanager, die nur dem Ego und dem Moment verpflichtet sind. Dass bei Nonnenmacher fröhlich Zahlungen fließen, während die Stadt das HVV-Familienticket streicht und ohne jeden Mehrwert die Preise erhöht, hat für mich einen üblen Beigeschmack.

Dabei hatte ich mich schon fast mit dem Millionenbonus für Dr. No – so sein Spitzname – abgefunden. Die öffentliche Erregung über die Sonderzahlung war abgeklungen. Doch dann verkündete der Hamburger Senat seine Sparpläne. Ich quälte mich durch 19 Seiten Haushaltsplan und merkte: Das kommt uns richtig teuer zu stehen. Kindergärten und Horte, Theater, Müll – an allem wird gespart. Sinnbildlich steckt die Stadt Geld in die Paläste und spart an den Hütten. Die Hütten, das sind die Kinderbetreuung, aber auch der öffentliche Nahverkehr. Und das in einer Stadt, die 2011 »Umwelthauptstadt« sein will.

Ein Ärgernis dieses Ausmaßes war ich nicht bereit hinzunehmen. Persönlich prägt mich, dass ich am Stadtrand wohne und jeden Tag mit Bus und Bahn in die Stadt fahre. Auch meine zwei Kinder nutzen den HVV nahezu täglich. Ich bin öfter in Berlin – einer Stadt, die bekanntlich pleite ist –, aber selbst da kosten die Fahrkarten weniger als in Hamburg.

Der Griff der HSH Nordbank in die Kasse der Stadt kommt mich teuer zu stehen. Den Kampf dagegen wollte und will ich aber nicht einer Organisation überlassen, sondern mich selber wehren. Ich bin bereit, Zeit und Geld einzusetzen, um nicht nur für mich, sondern auch die anderen Hamburgerinnen und Hamburger etwas zu erreichen.

Deshalb starte ich mit ein bisschen Fantasie und viel Initiative eine Protestaktion, deren erster Höhepunkt mein Auftritt in der Bank ist. Durch das Medienecho hoffe ich, möglichst viele Mitstreiter für die Aktion »Geld zurück, Herr Nonnenmacher« zu gewinnen. So habe ich sie getauft. Das sagt doch alles, finde ich. Fußnoten brauche ich zur Erläuterung einer solchen glasklaren Forderung nicht.

Im ersten Schritt habe ich Familie und Freunde aktiviert. Nach meinem Muster und meiner Vorlage haben 30 Bekannte einen echten papierenen Brief an Nonnenmacher geschrieben und 24 Euro verlangt. Als Denkzettel haben alle einen Fahrschein beigelegt, der beim Öffnen des Briefes auf den Schreibtisch des Bankchefs flattern soll.

Im Prinzip – das ist ein konkreter Ratschlag – ist es am einfachsten, zunächst in seinem engsten Umkreis für eine solche Mitmachaktion zu werben. Mehr noch: Es ist ein wichtiger Test, um herauszufinden, wie überzeugend man argumentiert, und um Einwände zu hören. Wer sein Anliegen nicht in zwei Sätzen vortragen kann, sollte es so lange probieren, bis es klappt. Nichts ist schlimmer als Wischiwaschi, was keiner versteht.

Mich interessiert vor allem, was selbst mir geneigte Freunde abhält, mitzumachen. »Mein Ticket zahlt mein Arbeitgeber«, höre ich etwa. Andere fahren weder Bus noch Bahn und finden ihren Protest nicht glaubwürdig, dafür sei mein Begehren zu präzise. Umgekehrt will ich nicht zu schwammig sein. Dass Herr Nonnenmacher ganz generell nicht mehr für die Stadt wirtschaften dürfte, das unterschrieben die meisten, ist aber meiner Meinung nach nicht spitz genug.

Schwerer wiegt der Einwand, der HVV sei nicht der richtige Adressat für meine Hilfe. Publikumswirksamer seien Kindergärten und Kindertagesstätten, für die die Eltern künftig tiefer in die Tasche greifen müssen. Tatsächlich löst dieses Thema in den nächsten Monaten erheblichen Disput aus, allerdings stellt niemand den Bezug zur Bank her. Das Ziel der Eltern ist der familienfeindliche Senat. Und ich habe keine Kinder in der Kita, fahre aber Bus und Bahn. Nach meinen Beobachtungen eignen sich für solche Protestaktionen von Einzelnen nur Anliegen, von denen man selbst betroffen ist. Glaubwürdigkeit – Authentizität – ist der bedeutsamste Garant für Erfolg, vor allem, wenn man sich derart exponiert wie ich in der Bank und die Geschichte in ein Mikrofon erzählt (siehe Epilog). Ich möchte halt seinen »Bonus für die Bahn« – klingt auch gut.

Um die Sache in Fahrt zu bringen reichen 30 Unterstützer nicht. Ich lasse mir eine Webseite gestalten, um den Schneeballeffekt zu vergrößern. Und fahre zweigleisig: Hier lässt sich sowohl der Text des Briefs herunterladen als auch eine gleichlautende Mail verschicken. Zwar finde ich den altmodischen Brief angemessener für einen Bankier, aber das Abschicken kostet halt eine halbe Stunde und 55 Cent für die Briefmarke. Der Protest per Klick geht dagegen blitzschnell. Mit einem zweiten Klick können die Aktivisten die Aktion an drei Freunde weiterleiten.

Damit Herr Nonnenmacher nicht behaupten kann, er habe nie Post bekommen, erhalte ich automatisch von jeder Mail eine Kopie. So kann ich später auch die Resonanz messen. Der Clou ist aber, die örtlichen Tageszeitungen zu Zeugen zu machen. Jeder Aktivist soll eine Kopie seines Briefs oder seiner Mail an *Bild*, *Morgenpost*, *taz* oder *Abendblatt* schicken. Deren Adressen serviere ich mundgerecht auf der Seite.

Das Design der Webseite habe ich nicht neu erfunden. Vorlage sind die Seiten der Aktionsplattform Campact, wo es auch die Knöpfe »Presseecho« und »Gästebuch«

gibt, die eklatant wichtig werden sollen. Campact hat offenbar die Erfahrung gemacht, dass Unterstützer hellwach sind und auch plaudern wollen.

Eigentlich verlasse ich mich in jeder Hinsicht auf ein erprobtes Team. Ich konsultiere enge Freunde, die sich mit Hamburger Finanzpolitik auskennen, alte Greenpeace-Kollegen für strategischen Rat und einen Webadministrator und eine Grafikerin, die mir schon meinen Mode-Blog gestaltet haben. Beide Kreative arbeiten für einen Freundschaftspreis und in Rekordtempo.

Im Gespräch entstehen die Ideen, ich brüte kaum etwas alleine aus. Vor allem das prägende Bild der Kampagne wird sorgsam austariert. Ich will dort niemanden sehen, der Herrn Nonnenmacher wie ein Dieb in die Tasche greift. Schließlich hat er die Stadt beklaut. Wir leiern ihm nur das wieder aus den Rippen, was uns Bürgern gehört. So entsteht die Zeichnung des zappelnden Bankiers, dem wir Geld aus der Tasche schütteln. Klischees vermeide ich: Ein Bonze mit Melone und dicker Zigarre ist dieser Mann nicht. Der groß gewachsene Nonnenmacher ist eher ein hagerer Typ, sein Gesicht muss deshalb so eckig sein wie er selbst. Um die Wiedererkennung zu steigern, bekommt er eine Brille und lange Koteletten. Eigentlich ist er optisch jetzt nur noch mit dem Chef der *Bild*-Zeitung zu verwechseln, der trägt seine Haare ähnlich glatt zurückgegelt.

Die ganze Kampagne kostet von der Theorie bis zur Praxis einige Wochen Arbeit und wenige hundert Euro. Das ist ein Minibudget im Vergleich zum Werbeaufwand der Bank, trotzdem wirksam. Natürlich hätte ich versuchen können, Mittel für meine Ein-Frau-Aktion einzutreiben, aber in dieser Gesellschaft stehen Menschen mit ethischen Ansprüchen schnell unter Generalverdacht, irgendjemand hätte sie sicher bezahlt. Das will ich nicht. Die Kosten trage ich aus eigener Tasche.

Die Ernsthaftigkeit meines Anliegens würze ich mit Humor – nicht nur, dass ich so mehr Spaß habe, die Kampagne ist durch ihren freundlichen Grundton auch für viele anschlussfähig. Während der Planung bin ich langsam auf Betriebstemperatur gekommen und brenne vor Ungeduld, Herrn Nonnenmacher zu besuchen.

Zwar ist Nonnenmacher kein unbeschriebenes Blatt für mich, aber ich beschließe sein Auftreten zu studieren und mich mit seiner Mentalität vertraut zu machen. Schließlich will ich ihm persönlich gegenübertreten. Schneller als ich gehofft habe, ergibt sich eine Gelegenheit dazu. Nonnenmacher muss dem Parlamentarischen Untersuchungsausschuss der Hamburgischen Bürgerschaft Rede und Antwort stehen, der das HSH-Desaster zu ergründen sucht. Die Sitzung ist öffentlich. Ich packe meine Protestpostkarten mit Nonnenmacher-Konterfei ein und habe zudem eine überdimensionale Fahrkarte im Gepäck, die ich im Copyshop auf monströses Format habe vergrößern lassen. Dieses Mitbringsel werde ich allerdings vor lauter Aufregung völlig vergessen.

Was ich unterschätzt habe, ist das respekteinflößende Ambiente des Rathauses, wo der Untersuchungsausschuss tagt. Mein Dresscode ist zwar angepasst, ich trage Kleid, aber als ich durch die verzierten Türen in den herrlichen Kaisersaal trete, wird mir flau im Magen. Hier soll ich dem selbstgefälligen Bankier erklären, dass die Hamburger für seine Gier die Zeche zahlen? Dirk Jens Nonnenmacher inszeniert seinen Auftritt von der ersten Sekunde an. »Er sei gerne hier«, erklärt er den verdutzten Parlamentariern und schüchtert sie kurz darauf mit einem 80-minütigen Vortrag ein, der von Zahlen nur so wimmelt. Passend dazu lässt er notieren, er sei von Beruf »Mathematiker«, und ich frage mich, ob Bankmanager nur ein Teilzeitjob oder gar ein Hobby für ihn ist.

Für einen Zocker, der das Geld der Stadt ins Kasino getragen und sich obendrein noch den Smoking hat bezahlen lassen, wie die *Süddeutsche Zeitung* schreibt, ist er erstaunlich selbstbewusst. Mein Mut schwindet. Es dauert bis zur Pause, bis ich mich traue, ihm entgegenzutreten und zu erklären, dass er seinen Bonus in das Stadtsäckel zurücktun solle. Und dass ich ihm schon geschrieben hätte und 30 andere auch. Nonnenmacher schiebt seine Sicherheitsleute zur Seite, nimmt amüsiert die Postkarte mit seinem Konterfei und erklärt entschuldigend, er bekäme ja so viel Post. Als beantworte er jeden Brief handschriftlich und meinen auf jeden Fall morgen.

Diese Charmeoffensive beschert ihm am nächsten Tag eine gute Presse. Tatsache ist, dass er bis dato auf keinen Brief und keine Mail geantwortet hat – nicht mal mit Formschreiben. Wie gesagt, der Auftritt des Zeugen Nonnenmacher wirkte perfekt einstudiert. Nachdem Herr Nonnenmacher mir nicht den Gefallen getan hat, sich schlecht zu benehmen, stellt sich die Frage: Wie weiter vorgehen? Faktisch entsteht erst jetzt die Idee des »Banküberfalls« – selbstredend nicht maskiert und nur »bewaffnet« mit dem Scheck.

Mein Banküberfall ist eine gezielte Eskalation – und ich lasse mich vorher juristisch beraten, womit ich rechnen muss. Für diesen Zweck habe ich eine Rechtsschutzversicherung abgeschlossen. Mein Anwalt erklärt mir, dass die Bank schlimmstenfalls eine Anzeige wegen Hausfriedensbruch erstatten könnte, damit aber meinen Unterstützerkreis nur vergrößern und vermutlich darauf verzichten werde. Guter Anwalt, denke ich und bin erleichtert. Da Herr Nonnenmacher auch gegen die Webseite mit seinem Namen nicht vorgegangen ist – maximal hätte ich eine Unterlassungserklärung riskiert –, bin ich mutig und marschiere los, stelle mich in die Schlange am Schalter und reiche den Scheck durch. Zivilcourage muss sein.

Das Medienecho ist gewaltig. Nicht nur »Spiegel Online« bringt auf den Wirtschaftsseiten einen Bericht, auch die *taz* druckt ein Porträt über die »Bankchef-Gläubigerin«. Als Glücksfall erweist sich die streitbare Politikchefin von Radio Hamburg, dem größten Hamburger Lokalsender. Dank ihr hören mich wirklich viele Hanseaten in der »Morning-Show«. Die Zugriffe auf die Webseite explodieren. Herr Nonnenmacher – so sagt mein digitaler Zähler – erhält Hunderte von Mails. Die Zahl der Briefe kann ich nur schätzen, sie bleibt aber weit dahinter zurück. Es gibt einfach mehr Online-Aktivisten als Briefeschreiber, aber auch die, die jetzt ad hoc eine Mail schicken, wären ohne den sichtbaren Protest in der Bank kaum gewonnen worden. Im »Gästebuch« auf der Webseite häufen sich Loyalitätsbekundungen, der Wunsch, sich zu beteiligen, ist offenbar groß.

Vor allem gewinne ich neue Verbündete, denn es gibt bereits Initiativen in der Stadt, die weitaus länger als ich in der Opposition gegen die Bank sind. Selbst aus anderen Städten melden sich Bürger mit notorisch klammen Landesbanken, die dem Vorbild Hamburg nacheifern wollen. Was mir bisher entgangen war, sind die internationalen Gegenstücke meiner Aktion, auf die ich jetzt aufmerksam gemacht werde, etwa in Großbritannien. Als »Girl with the self-made paycheque« nehme ich Kontakt zu meinem britischen Pendant auf, der gegen die Royal Bank of Scotland streitet. Der Sänger Billy Bragg ist ungleich prominenter als ich und vereint binnen weniger Wochen 30 000 Unterstützer hinter sich. Vor allem erreicht er wenig später sein Anliegen. Der Bankier Stephen Hester verzichtet unter dem Druck der Öffentlichkeit – und der Politik – auf seinen Bonus für 2009.

Unbequeme Bürger können also einiges bewegen. Tatsächlich liegt es nicht jedem, sich derart öffentlich zu exponieren, aber ich habe zehn Jahre lang für Greenpeace gearbeitet und hatte, salopp gesagt, Zeit zu üben. Die bewährten Muster hatte ich bereits einmal in eine ungewöhnliche Aktion umgemünzt und war 2008 einem mächtigen Konzern auf die Pelle gerückt.

Beim Kaffeeröster Tchibo bestellte ich T-Shirts mit der Aufschrift »Gefertigt für Hungerlöhne« und »Dieses T-Shirt hat ein Kind für Tchibo genäht«. Zu meiner Überraschung kam der Konzern der Bestellung umgehend nach, die Blamage für den Konzern war perfekt. Spätestens, als ich mich damit vor eine Hamburger Tchibo-Filiale stellte und gegen die Bedingungen protestierte, zu denen das Unternehmen seine Textilien herstellen lässt. Schließlich hatte der Konzern die Beschuldigungen eigenhändig auf die T-Shirts gedruckt und sozusagen schwarz auf weiß bestätigt.

Ein Jahr später bestellte ich erneut T-Shirts. Der Konzern hatte aus der Aktion gelernt, nicht nur, indem er bestimmte Wortkombinationen und Schlüsselworte wie »Kinderarbeit« oder »Hungerlöhne« gar nicht erst zuließ. Vielmehr, weil das Unternehmen in bestimmten Bereichen und zumindest bei der Aktionsware Fortschritte gemacht hatte. Man konnte sich nun T-Shirts aus Biobaumwolle bedrucken lassen, und die Sozialstandards in der Produktion waren deutlich verschärft worden. Ohne den öffentlichen Druck einer kritischen Konsumentin wäre das sicher nicht passiert. Innere Einkehr von mächtigen Konzernen hat meiner Erfahrung nach noch nie zu Fortschritten in puncto Ethik geführt.

Natürlich rechne ich nicht damit, dass mir der Bankchef sofort einen Sack Taler vor die Füße stellt, aber damit, dass der Druck auf ihn wächst. Nicht zuletzt, weil die Hamburger Politiker den Zorn ihrer Wähler sehr wohl wahrnehmen – in den Medien und über Bande sozusagen. Zumindest die Opposition dreht verbal auf und rügt Bank und Bankchef. Nonnenmacher erklärt öffentlich, er habe die Kommunikation mit Politik und Medien »unterschätzt«, denkt aber offenbar weiter, man werde ihm alles durchgehen lassen.

Auf der Bilanzpressekonferenz Mitte März redet sich der Bankchef die Lage schön. Zwar sei für 2009 noch ein Minus von über 700 Millionen Euro zu verkünden, aber ab 2011 werde die Bank wieder Gewinne machen. Hier schlägt erneut der Mathematiker durch, denn die sind bekanntlich nicht nur Meister der realen, sondern auch der imaginären Zahlen. Trotz der hohen Verluste steigen die Bezüge des Vorstands um mehr als zehn Prozent. 2009 sind es 3,95 Millionen Euro. Gehaltsangaben über einzelne Vorstandsmitglieder lehnt er ab. Transparenz sieht anders aus.

Vor der Tür steht nach meinem Vorbild der Moderator der NDR-Satiresendung »Extra Drei« mit Kita-Kindern. Auch die Kita-Gebühren sollen wegen der Extravaganzen des Bankchefs erhöht werden. Nonnenmacher spricht nassforsch von seinem »Fanclub« da draußen. Er investiert also weiter in seine Goliath-Rolle und folgt seiner Linie. Für David wird es Zeit für eine revidierte Strategie – ein politischer Effekt muss her. Die Zeit spielt für mich. Auf Bundesebene wird heftig darum gerungen, wie die Steuerzahler künftig vorm Trümmerschlag kollabierender Großbanken geschützt und die Zahlungen an Banker besteuert werden können. Die Debatte hat zweifellos an Intensität gewonnen. In Hamburg ermittelt die Staatsanwaltschaft gegen Nonnenmacher und andere wegen des Verdachts der Untreue und der Bilanzfälschung und durchsucht die Bank. Nonnenmacher wird ein zweites Mal vor den Untersuchungsausschuss zitiert. Wunderbares Nebenprodukt der Aktion für mich: ein satter Zuwachs an Kenntnissen über die Finanzpolitik meiner Stadt. Das Fazit ist dennoch gemischt: Anders als Tchibo ist der Bankchef nicht darauf angewiesen, kritischen Bürgern entgegenzukommen. Der Ball muss auf ein neues Feld gespielt werden (siehe Kapitel 10).

Merke

Bewährte Greenpeace-Muster – großer Gegner, klares Ziel, abenteuerliche Aktion – lassen sich ins Kleine übertragen und entfalten Sprengkraft. Eine einzelne Bürgerin rückt dem mächtigen Bankchef auf die Pelle. Wohlgemerkt nicht im Eigeninteresse, sondern für alle Bürgerinnen und Bürger der Stadt, die geschröpft werden. Die Gefahr ist, die eigenen Ressourcen zu überschätzen. Wichtig ist, Verbündete zu suchen, die sich das gemeinsame Anliegen mit auf die Fahne schreiben.

Mehr zum Thema

»Spiegel Online« über die Nonnenmacher-Aktion:
http://www.spiegel.de/wirtschaft/soziales/0,1518,681822,00.html

»Spiegel Online« über die Tchibo-Aktion:
http://www.spiegel.de/wirtschaft/0,1518,560653,00.html

www.geld-zurueck-herr-nonnenmacher.de
Aus Letzterem einige Gästebuchauszüge:

»Herr Nonnenmacher, schämen Sie sich nicht für den Bonus von 2,9 Millionen Euro? Womit rechtfertigen Sie den Bonus für sich, haben Sie die Bank gerettet oder wir Bürger???«

»Ganz tief ziehe ich meinen Hut und freue mich über Ihr Engagement! Ich habe mich auch an Dr. No gewandt und warte sehnsüchtigst auf meine 27 Euro in Unterhaching. Habe ich die dann euch Nordlichtern geklaut?«

»Sie haben das sehr clever angepackt. Und da denkt man immer, der kleine Mann von der Straße kann ja nichts ausrichten … Wirtschaftskrise? Hat offensichtlich nie stattgefunden. Gierige Manager stopfen sich weiter fleißig die Taschen voll, als ob nie was gewesen ist, und rechtfertigen das mit ihren Arbeitsverträgen. Haben die denn gar kein Gewissen?«

»Großartig – Ihre Aktion! Ich bin dabei und sende einen Brief an den unsäglichen Herrn.«

»Chapeau und mehr davon! Ich wünschte, es gäbe mehr Menschen von ihrer Sorte. Als Hesse unterstütze ich Ihre Aktion von Herzen.«

»Erstaunlich, dass Sie bereits mit ihrer kleinen konkreten, real begründeten, aber eben im bürgerlichen Duktus nicht vorgesehenen Aktion derartigen Wirbel auslösten.«

»Wir möchten so eine Aktion auch in München machen. Vielleicht seid ihr in Norddeutschland heller und schneller.«

»Unter Berufung auf einen außerordentlichen ›Notstand‹ in Form der weltweiten Finanzkrise sollten sämtliche Klauseln in allen Managerverträgen kündbar gestellt werden, sofern sie gewinnunabhängige Vergütungen vorsehen. Mindestens eine obligatorische Bindung solcher Boni an den mittelfristigen Unternehmenserfolg müsste durchgesetzt werden, nach Möglichkeit mit einer Obergrenze.«

»Es ist himmelschreiend und mit menschlichem Verstand nicht nachvollziehbar, welchen Spielraum diese Menschen genießen und welche Boni durch die Politiker in Kiel und Hamburg genehmigt wurden.«

»Warum ich keine Steuern zahle« – Billy Bragg gegen die Selbstbedienungsmentalität der Banker

»Die Regierung hat das Recht, die Boni von Bankern der Royal Bank of Scotland auf 25 000 Pfund zu begrenzen. Solange Schatzkanzler Alistair Darling das verweigert, lege ich die Zahlung meiner Einkommenssteuer auf Eis.« So kämpferisch erklärte der britische Sänger und Songwriter Billy Bragg sein Anliegen in der Tageszeitung *Guardian*.

Seinen Ärger hatte ein Interview mit Bankchef Stephen Hester ausgelöst, der vor einem Untersuchungsausschuss erklärt hatte, er plane auch 2009 etliche Millionen Pfund Boni an die Mitarbeiter der Royal Bank of Scotland auszuschütten – eine Bank, die mit Steuergeldern aus ihrer Schieflage herausgeboxt worden war und im Jahr zuvor die höchsten Verluste der britischen Finanzgeschichte verzeichnet hatte. Kaltschnäuzig sagte Hester, er plane dem Aufruhr darum aus dem Weg zu gehen, indem er einen längeren Urlaub antrete.

Wütend und ohnmächtig zugleich habe er sich gefühlt, sagte Bragg. Wütend, weil just zu dieser Zeit die britischen Politiker die Bürger unisono auf einen schmerzvollen Sparkurs vorbereiteten. Und ohnmächtig, weil offenbar keine Partei bereit war, den exzessiven Boni-Zahlungen Einhalt zu gebieten.

Das Geld aber, das in die Bank geflossen war, so argumentierte der Musiker, mache ihn und alle Briten zu Anteilseignern der Bank, und er lege deshalb sein Veto gegen die Boni ein. Das schrieb er auch an den Labour-Politiker Alistair Darling, den Schatzkanzler in der Regierung von Gordon Brown. Solange Darling nichts tue, halte er seine Steuern zurück, die er eigentlich aus Solidarität für die Gesellschaft immer pünktlich gezahlt habe.

Parallel richtete Bragg eine Facebookseite mit dem Titel »NoBonus4rbs« ein, um Mitstreiter zu gewinnen. Binnen weniger Wochen gewann die Kampagne 30000 Unterstützer, die ebenfalls an Darling schrieben. Der Zeitpunkt war klug gewählt, denn es standen Wahlen in Großbritannien an. Eine wilde Debatte begann, und der 53-Jährige (geboren 1957) wurde zum Held des Widerstands. Er hielt vor 200 Zuhörern eine Rede in der berühmten Speakers' Corner im Londoner Hyde Park (http://www.youtube.com/watch?v=4Bgsttb3jPMM&feature=fvst) und sprach auch in Edinburgh vor der Zentrale der Bank. Seine Mitstreiter steuerten bereitwillig Aktionsideen bei. Beispielsweise nachts die Kampagnenforderung an die Fassade der Bank zu projizieren oder dort kein Geld mehr zu deponieren. Als Beweis ihrer Treue stellten Hunderte Fotos von sich und dem Kampagnenslogan auf Braggs Internetseite.

Bragg, der seine Musik schon immer mit politischem Protest gegen Rechte oder auch gegen den Irakkrieg verknüpft hat, stand selbst nie zuvor so sichtbar auf der Straße und in erster Reihe. Warum er sich dazu entschlossen hatte? Die Zeiten für »armchair-activism«, soll heißen nur vom Sessel aus zuzuschauen, seien vorbei, gab er zu Protokoll. Den Briten gefiel der raue Charme des rustikal aussehenden Sängers, der lieber in einer Gesellschaft leben möchte, die Boni für gute Leistungen an Lehrer und Krankenschwestern verteilt als an gierige Bankiers, die den Hals nicht voll genug bekommen können.

Wider Erwarten entschied Bankchef Stephen Hester letztendlich, auf seine Bonuszahlungen für 2009 zu verzichten. In der britischen Presse wurde diese Entscheidung jedoch auf den Druck von Finanzminister Mandelson zurückgeführt. Bragg selbst verzichtete darauf, seinen Erfolg gebührend zu feiern. Sicherlich ein Kardinalfehler vieler Kampagnen: Aktionen sind wichtig, doch den Unterstützern Erfolge widerzuspiegeln und diese auch zu feiern ist ein Muss jeder Kampagne. Will meinen: Steck dir hohe Ziele, aber genieße den Erfolg unterwegs.

Billy Bragg hat seine Steuern inzwischen übrigens bezahlt.

Die radelnde Straßensperre

Worum ging es?

Es ist ein strahlend schöner Sonntag im April, als Gábor Bihari und sein Team Budapest lahmlegen. 50 000 Radfahrer haben sich zu einer spontanen Demonstration verabredet und blockieren den Verkehr. Ihre Lenker haben sie mit Blumen geschmückt, an den Anhängern flattern Fähnchen. Auch Bihari radelt in dem Konvoi aus Drahteseln, Rennrädern und Liegerädern mit, der sich ohne Plan durch die Stadt zieht. »Es ist cool geworden, Fahrrad zu fahren«, sagt der Musiker und Mitorganisator der »Critical Mass«, der »Kritischen Masse«. Die Idee kommt aus den USA. In den 90er Jahren versammelten sich erstmals in San Francisco die ersten Fahrradfahrer zur »Critical Mass«, um gegen verstopfte Straßen und die Bevorzugung des Autoverkehrs zu demonstrieren. Inzwischen finden die radelnden Protestzüge weltweit statt. Auch in Hamburg, Berlin, Frankfurt, Leipzig oder Freiburg.

Was hat es gebracht?

Die »Critical Mass« 2008 in Ungarn war die bislang weltgrößte spontane Fahrradfahrerdemo. Seitdem nimmt der Budapester Stadtrat die Anliegen der Radfahrer ernst und änderte die Verkehrspolitik. Wurden zuvor jährlich nur ein bis zwei Kilometer Radwege gebaut, sind es inzwischen rund 30. Und sie werden gebraucht. Nach Informationen der Organisatoren hat sich die Zahl der Radfahrer in Budapest in den vergangenen Jahren verdoppelt (http://criticalmass.hu/english). Fahrradhauptstadt in Deutschland ist übrigens Münster, in Europa liegt Kopenhagen vorn.

Wie geht es?

Das Prinzip ist immer das gleiche: Eine Gruppe von Fahrradfahrern radelt im engen Block und erobert sich so ihr Stück Straße zurück. Denn ab einer bestimmten Zahl, der »Critical Mass«, dürfen sie eine Fahrspur auch in der ganzen Breite nutzen. In Deutschland liegt diese Zahl bei 16 Radfahrern. Eine vorgegebene Route gibt nicht. Für einen Heidenspaß sorgen natürlich Verkehrskreisel, in denen sich so richtig der Unmut der Autofahrer auf sich ziehen lässt. Mehr Infos unter http://www.critical-massfreiburg.de.

»Der Kampf gegen Gipfel vermag ein Menschenherz auszufüllen. Wir müssen uns Sisyphos als einen glücklichen Menschen vorstellen.«

Albert Camus

»Es gibt nichts Gutes, außer man tut es.«

Erich Kästner

Kapitel 3

Rechtsextremismus – Die Frau, die genau hinguckt

Seit über 20 Jahren entfernt Irmela Mensah-Schramm Nazi-Schmierereien und rassistische Symbole. Nur bewaffnet mit Nagellackentferner, Schaber und Farbe. Zu Besuch bei einer Frau im Widerstand.

Es sprudelt geradezu aus ihr heraus, wenn Irmela Mensah-Schramm über ihre Sache spricht. Gestern noch war sie in Zossen unterwegs und hat Hakenkreuze weggeputzt, jetzt sitzen wir in ihrer kleinen, zweckmäßig eingerichteten Dachwohnung in Berlin-Wannsee. Ein Tisch, ein Schreibtisch, eine Handbibliothek und jede Menge Zettel auf dem Fußboden. Um unsere Füße streichen leise drei Katzen. Tiere, die gut zu Individualisten passen und damit die idealen Begleiter für die 65-Jährige sind, die seit Jahren hartnäckig ihren eigenen Weg geht.

Äußerlich wirkt die Frau mit ihrem grauen Bubikopf und der runden Brille großmütterlich und gemütlich. Aber wenn sie als Aktivistin fremdenfeindliche Hetze an Stromkästen oder Straßenschildern entfernt, strotzt sie vor Energie. Auf ihren Touren durch Berliner Viertel wie Pankow und Lichtenberg, Treptow und Rudow hat sie immer einen weißen Stoffbeutel dabei. In großen schwarzen und roten Lettern hat sie »Gegen Nazis« daraufgeschrieben – sie hält nie damit hinter dem Berg, wofür sie steht.

Aus ihrer Wohnung blickt sie noch immer auf die Bushaltestelle, wo im Sommer 1986 alles anfing. Dort klebte das Schild »Freiheit für Rudolf Hess«. Der einstige Hitler-Stellvertreter saß damals noch in Spandau im Gefängnis. Sie stand davor, sah erstmals mit wachen Augen, worüber alle anderen hinweggeguckt hatten – und wurde in diesem Moment zur Aktivistin.

Spontan wollte sie das Schild abreißen, doch ihr Bus wartete bereits, und sie fürchtete, zu spät zur Arbeit zu kommen. »Den ganzen Tag habe ich an den Aufkleber gedacht und mich gefragt, warum ich ihn nicht abgekratzt habe«, erinnert sie sich. Nach zehn Stunden kehrte sie zurück und entfernte die Propaganda – ganz schnell mit ihrem Haustürschlüssel. Und beschloss, nicht mehr wegzusehen. Ein Zeichen zu setzen, dass solche Botschaften in Deutschland nicht geduldet werden.

Weil Polizei und Justiz gegen »Propagandadelikte« nur selten ermitteln, legte die Heilpädagogin an einer Berliner Behindertenschule zuerst sporadisch, dann gezielter und kontinuierlicher, selber Hand an. Seit sie in Rente ging, ist sie sogar Vollzeit-Aktivistin. In Unterführungen, auf S-Bahn-Sitzen oder Hauswänden: Wo immer sie rassistische Symbole oder Sticker findet, werden sie von Irmela Mensah-Schramm entfernt.

Was sich nicht abkratzen lässt, wird mit Farbe oder Sprühlack übertüncht, bevorzugt mit dunklen Farben wie Braun, Schwarz oder Grau. Gestartet ist sie mit einer Haushaltsleiter und einem Eiskratzer. Inzwischen benutzt sie einen silbernen Metallschaber, mit dem andere ihren

Küchenherd saubermachen. Krrrk – es hört sich an wie ein Splittkörnchen, das über Parkettfußboden kratzt, wenn der Schaber im Einsatz ist – dieser Klang ist der Soundtrack ihres Lebens. Ersatzklingen hat sie immer dabei und auch Nagellackentferner, der Hass-Graffitis wegätzt. Sprüche wie »Ein Baum, ein Strick, ein Judengenick« nennt sie »Nazi-Dreck«. Sich selbst hat sie »Polit-Putze« getauft.

Akribisch dokumentiert sie, was sie entfernt: Sticker landen im Sammelalbum, Schmierereien werden fotografiert. Ihre Fotos touren in der Ausstellung »Hass vernichtet« durch ganz Deutschland und dokumentieren rechtes Gedankengut – »Zeugnisse des Hasses«, wie Irmela Mensah-Schramm sagt. Auf einer Deutschlandkarte hat sie ihre Fundorte markiert: Wie Windpocken überziehen die roten Klebepunkte die Republik, die ganze, nicht nur den Osten. Selbst in Straßburg, Brüssel oder Luxemburg war sie schon. Auch wenn sie auf Reisen ist, hält sie Ausschau. Sogar im Krankenhaus Moabit, wo sie vor Jahren lag, entdeckte sie im Treppenhaus zwei ein Meter große Hakenkreuze. »Unfassbar, nicht wahr?«, sagt sie und ergänzt durchaus selbstironisch, dass sie die Krankenschwester um Aceton »angebettelt« habe. Man müsse eben immer dranbleiben. »Die Frostperiode im Frühjahr 2010 war gut«, sagt sie. Da seien die Nazis zu Hause geblieben, und sie hatte weniger zu tun. Sonst kratzt sie schon mal 300 Aufkleber an einem Tag weg. Seit Beginn vor 24 Jahren sind es 80 000 Symbole und Parolen.

Kaum jemand beweist einen so langen Atem wie diese Frau, steckt so viel Energie in ihr Projekt. Warum tut sie das? Was treibt sie an?

»Ich bin ein politischer Mensch«, entgegnet sie. Warmgelaufen habe sie sich in der Friedensbewegung. Ausschlaggebend sei aber ein Besuch in der Gedenkstätte des ehemaligen Konzentrationslagers Sachsenhausen gewesen, wo sie hautnah erfuhr, wie die Nationalsozialisten gemordet hatten. In der Familie sei darüber geschwiegen worden. Damals sei ihr klargeworden: »Wir sind die erste Generation danach. Wir dürfen nicht mehr wegschauen.«

Irmela Mensah-Schramm war schon eine Ich-AG, als es diesen Terminus noch gar nicht gab. Die Solo-Aktivistin marschiert aus Überzeugung alleine los. Endlos langes Diskutieren und Herumsitzen in Plenumssitzungen liegen ihr einfach nicht. Auch im Internet tummle sie sich nicht, weil es Zeit schlucke, die ihr dann auf der Straße fehle. »Was ich tue, kann im Prinzip jeder tun«, sagt sie. Ihr Rat: »Bitte seid gründlich, wenn ihr selbst aktiv werdet. Nicht nur Fetzchen abmachen, sondern alles so gründlich ablösen oder reinigen, dass Botschaft und Logo wirklich nicht mehr zu lesen sind.«

Inzwischen hat sie eine Teleskopstange als Verlängerung für ihren Schaber, weil die Nazis ihre Parolen immer höher kleben. Wenn sie auf Nazis trifft, bleibt sie ganz ruhig. In Cottbus wollte ein Skin sie daran hindern, ein Hakenkreuz wegzuputzen. »Das bleibt dran«, habe er gebrüllt. »Nein, das kommt ab«, habe sie ungerührt erwidert. Er habe sich umgeguckt, ob sie auch allein seien, und sei dann bedrohlich auf sie zugegangen. Fest habe sie ihm in die Augen geschaut, als er sich vor ihr aufgebaut habe. »Was hätte ich auch tun sollen? Um Hilfe schreien?« Der Mann habe sich letztlich nicht getraut, sie anzugreifen. »Nicht einmal Nazis schlagen alte Frauen«, meint sie.

»Polit-Putze« Irmela Mensah-Schramm

Dennoch weiß sie, dass sie mit ihren Aktionen ein Risiko eingeht. Es ist aber gerade diese Courage, die einem so viel Respekt abnötigt.

»Gegenüber den Nazis fühle ich mich stark«, sagt sie. Ohnmächtig reagiere sie dagegen auf Bürger, die sagten, sie solle lieber Hundescheiße statt Hakenkreuze wegputzen. Aber sie erntet auch Zustimmung. Viele Leute bleiben stehen, um zu gucken. Sprechen ihre Hochachtung aus, wenn sie erfahren, dass sie ihre Aktionen in Eigeninitiative unternimmt. Nehmen sie in den Arm. Das bestärkt die Aktivistin.

Ebenso wie die Preise. Für ihr Engagement ist sie oft geehrt worden und erhielt unter anderem das Bundesverdienstkreuz, den Erich-Kästner-Preis der Stadt Dresden und 2010 eine Auszeichnung als »Zeitzeugin«, als sie über ihre Erfahrungen mit Nazis schrieb. Dennoch bewegt sie sich in einem Graubereich zwischen Zivilcourage und Straftat. Etliche Verfahren wegen Sachbeschädigung liefen gegen sie. Passanten rufen die Polizei, wenn sie Parolen übermalt. »Schmierereien beschmieren« ist illegal, selbst wenn die Inhalte verfassungswidrig sind. Obwohl sie gelegentlich kriminalisiert wird, steht sie immer noch beherzt auf der Straße. »Natürlich geht mal was kaputt«, räumt sie ein, »aber das lässt sich reparieren.« Die verletzte Würde der Opfer solcher Parolen dagegen nicht. Inzwischen ruft sie aber auch mal direkt von der Notrufsäule auf dem Bahnhof bei den Berliner Verkehrsbetrieben an und meldet den Nazi-Vandalismus. »Erst wenn niemand kommt, komme ich mit dem Lackspray«, lächelt sie verschmitzt.

Auf finanzielle Unterstützung von Stadt oder Bund hofft sie bislang vergebens. Ihre monatlichen Fahrt- und

Materialkosten betragen rund 300 Euro. Ohne Spenden und Ersparnisse liefe das Projekt schon lange nicht mehr. Ihre Freunde schenken ihr schon mal neue Schaber zum Geburtstag. Sie blickt auf den frischen Kratzer auf ihrer Hand. »Betriebsunfall«, sagt sie. Handschuhe trägt sie nicht, das störe sie nur.

Ist sie nicht ein weiblicher Sisyphos? Jemand, der einen Felsblock einen steilen Hang hinaufrollt und dem der Stein entgleitet, kurz bevor das Ende des Hangs erreicht ist, so dass er wieder von vorne anfangen muss?

»Manchmal denke ich, ich komme nicht mehr hinterher«, sagt sie. Aber wenn sie dreimal an derselben Stelle geputzt habe, dann sei Ruhe. Deshalb komme sie regelmäßig an Orte zurück, wo sie schon einmal war. »Ich bin wirksam, weil ich einen langen Atem habe«, fasst sie zusammen.

Trotzdem ist sie in einem Alter, wo man Bilanz zieht und überlegt, wer den Staffelstab weiterträgt. Irmela Mensah-Schramm geht in Schulen und bringt Schülern das Erkennen einschlägiger Symbolik bei – und sie zeigt ihnen, wie das Abkratzen und Übertünchen praktisch geht. Im Prinzip schult sie die Kinder und Jugendlichen, ihre unmittelbare Umgebung genau wahrzunehmen und das zu sehen, was andere gerne übersehen. Und es wegzuputzen. »Natürlich fragen die Kinder, ob ich schon einmal bestraft worden bin«, sagt sie. Sie antwortet dann, dass alle Verfahren gegen sie eingestellt wurden. Und dass sie sich nicht einschüchtern ließe. Diese Haltung möchte sie den Jugendlichen vermitteln. Autoritätsfurcht soll sich in ihren Köpfen gar nicht erst einnisten. Das halte einen viel zu oft ab, Courage zu zeigen und den Nazis etwas entgegenzusetzen.

Merke

Jeder kann alleine losmarschieren, ohne viel Aufwand zu treiben. Nur mit wachen Augen. Um als Polit-Putze aktiv zu sein, braucht man nur eine begrenzte, aber effektive Ausrüstung. Ein Herdschaber, Nagellackentferner, ein Eimer dunkler Farbe und ein paar Lappen genügen. Spezielle Kleidung ist nicht nötig, selbst Handschuhe nutzen wenig, weil der Kratzer dann weniger gut zu handhaben ist. Zu trainieren ist in erster Linie ein kundiger Finderblick, um die Logos und Symbole der Rechten auch sicher zu identifizieren. Wenn Sie loslegen, sollten Sie beim Wegputzen oder Übermalen so gründlich sein, dass die Botschaften und Logos wirklich nicht mehr zu lesen sind. Bleiben Sie im Konfliktfall ruhig, ziehen Sie sich zur Not zurück und kommen Sie später wieder. In der Regel sind die Nazis oft hemmungslos, was Gewalt angeht. Natürlich können Sie auch zu zweit losziehen – gerade, wenn Sie jünger sind. Die Hand immer am Mobiltelefon haben, um die Polizei rufen zu können.

Mehr zum Thema

Holger Kulick/ Toralf Staud (Hrsg.): *Das Buch gegen Nazis. Rechtsextremismus – was man wissen muss und wie man sich wehren kann.* Verlag Kiepenheuer & Witsch, Köln 2009. Darin: Welche Symbole, Embleme und Logos es sich zu kennen lohnt.

Gewalt vermeiden, aber wie? Ein kurzer Ratgeber findet sich unter: http//www.bpb.de/themen/W6KX2S.html

Keine Schockstarre in Gräfenberg – Bürger wehren sich gegen rechts

Die NPDler kamen gerne ins fränkische Gräfenberg mit seinen 4000 Einwohnern, weil dort ein Kriegerdenkmal an Gefallene der zwei Weltkriege erinnert. Jedes Jahr zum Volkstrauertag versammelten sich die Neonazis – und nachdem der Ort den Zugang zum Denkmal sperrte, kamen sie aus Protest jeden Monat. Die Einwohner gründeten daraufhin 2006 das Bürgerforum »Gräfenberg ist bunt« – und zeigten sich einfallsreich. Mal ließen sie Luftballons mit Gutscheinen für ein »braunes Brett vorm Kopf« steigen, mal schwangen sie als Nikoläuse Ruten gegen rechts. Die Nazis sind inzwischen wütend und veröffentlichen Fotos und Adressen aktiver Gräfenberger, was das Bürgerforum aber eher noch mehr zusammenrücken lässt.

Nicht in Schockstarre verfallen, wenn die Braunen kommen – dieses Motto hat Gräfenberg mittlerweile zum Symbol für zivilgesellschaftlichen Widerstand gemacht. Im Dezember 2009 wurden sie vom Bayerischen Landtag mit dem Bürgerkulturpreis geehrt – für kreativen Widerstand gegen rechtsextreme Umtriebe.

Sie hatten Erfolg: Dass die Bürger ihnen etwas entgegensetzen, hat den Neonazis die Lust an den Demos verdorben. Sie kündigten an, nicht mehr jeden Monat zu kommen. Der letzte Aufmarsch fand Ende September 2009 statt. »Wir haben einfach den längeren Atem bewiesen«, sagt Gräfenbergs Bürgermeister Werner Wolf.

Die alte Dame und das Militär

Worum ging es?

Sie ist die Grande Dame der deutschen Friedensszene. Else Tonke wird bald 80 Jahre, doch ihr Alter hält sie nicht davon ab, gegen Militäreinsätze zu demonstrieren. Mehr als 17 Jahre lang wehrte sie sich gegen einen riesigen Bombenabwurfplatz bei Wittstock in der Nähe von Berlin – ohne Angst vor Verlusten. »Ich habe allen gesagt: Wenn die Bomben werfen, gehe ich da rein«, sagt sie. Die quirlige Dame mobilisierte mit der Initiative Freie Heide eine ganze Region gegen das Bombodrom. Anwohner, Lokalpolitiker und Tourismusbeauftragte demonstrierten regelmäßig und stellten sogar neue Ortsschilder mit dem Schriftzug »Freie Heide« auf.

Was hat es gebracht?

Nicht verzagen, auch jeder einzelne Bürger kann sich erfolgreich gegen etwas Großes wehren, selbst gegen das Militär. Nach Dutzenden Gerichtsprozessen, Gemeinderatsbeschlüssen und einer Entscheidung des Deutschen Bundestags gegen den geplanten Bomben-Schieß-Platz knickte die Bundesregierung 2009 ein. Der damalige Verteidigungsminister erklärte das Aus für den Bundeswehrspielplatz.

Auch den längst vergessenen Ostermärschen hat Elsa Tonke neues Leben eingehaucht. 10 000 Menschen versammelten sich in der Kyritz-Ruppiner Heide vergangenes Jahr zur Friedens-Demo, so viele wie noch nie.

Wie geht es?

Cyberprotest und Online-Petitionen – alles ganz nett. Aber die gute alte Demonstration hat noch immer ihre Wirkung nicht verloren. Auf die Straße gehen, an einer Sitzblockade mitmachen, das kann jeder. Man muss die Demo ja nicht gleich selbst organisiert haben. Bei Sitzblockaden ist Sitzfleisch hilfreich, denn es heißt möglichst lange auszuharren. Generell gilt: Je mehr Teilnehmer, desto eindrucksvoller. Um die Forderung klarzumachen, sollten Plakate oder Transparente mit kurzen Parolen dabei sein!

Klimaschutz in neun Minuten

Worum ging es?

Ein Stift, eine Tafel und eine Videokamera – mehr brauchte Greg Craven nicht, um die Welt ein kleines bisschen zu revolutionieren. Eigentlich führte er ein beschauliches Leben als Chemie- und Physiklehrer in Oregon/USA. Im Jahr 2007 war damit Schluss. Craven wurde weltweit berühmt mit seinem neunminütigen YouTube-Video »The most terrifying video you'll ever see«. Ein smart gewählter Titel, denn welcher Zuschauer würde erwarten, dass er eine flammende Rede für mehr Klimaschutz zu sehen bekommt? Craven kritzelt eine Tabelle auf die Tafel und erklärt voller Pathos die Folgen der globalen Erderwärmung. In seinem blauen Schlabber-T-Shirt wurde er zum Liebling der YouTube-Gemeinde. Die Botschaft ist simpel: Es macht keinen Sinn, nichts zu tun. Die Lage ist ernst.

Was hat es gebracht?

Die Resonanz war enorm: Mehr als 7,5 Millionen Menschen haben Cravens visuelles Klimaschutzmanifest bereits geschaut. »Leitet es weiter und redet über das Thema – das verändert das Denken und am Ende auch öffentliche Politik«, sagt er. Der Vater von zwei Kindern hat inzwischen nachgelegt und mehr als 70 weitere Spots gedreht, ein Buch geschrieben und eine eigene Webseite ins Netz gestellt (http://www.gregcraven.org).

Nachahmer sind übrigens nicht weit. Hier ein Best-of der Klimaschutzvideos auf YouTube:

Forest Love – Der Porno zum Klimaschutz
Coal Finger – Der Thriller zum Kohlewahn
RWE-Satire – Was RWE kann, kann Greenpeace auch

Wie geht es?

Dass auch technisch simple Filmchen im Internet Erfolg haben, zeigt Craven. Das sollte jedem Einsteiger ein Ansporn sein. Wichtig ist nur, dass die Botschaft stimmt. Trotzdem mag es nicht jedermanns Sache sein, sich im Netz zu präsentieren. Aber ein Klimaschutzvideo weiterleiten – und, wenn es von einer großen Organisation stammt, sie damit indirekt unterstützen –, das kann jeder.

»Als Lehrer habe ich gelernt, Dinge einfach zu erklären. Als Journalist, Sachen so aufzuschreiben, dass Leute motiviert sind, neu darüber nachzudenken, als Wahlkämpfer und Abgeordneter, keine Angst vor fremden Milieus zu haben und neue Bündnisse zu schmieden.«

»Dein Mut als Campaigner besteht darin,
klar zu sagen, was du erreichen willst.
Daran wirst du nämlich gemessen.«

Andreas Bernstorff, Kampagnenleiter bei Greenpeace bis 2005

Kapitel 4

Müllexporte – Das Müllionending

Das Umweltvölkerrecht neu schreiben – das erreichen nur die allerwenigsten Kampagnen. Der Greenpeace-Protest gegen Giftmüllexporte mündete nach sieben Jahren Knochenarbeit in ein international bindendes Verbot. Seitdem dürfen reiche Staaten ihren Müll nicht mehr in arme Staaten verschieben.

Am 9. September 1992 verladen Greenpeace-Aktivisten im rumänischen Landkreis Sibiu (Hermannstadt) in Siebenbürgen Giftfässer aus Lagerhallen auf einen Laster. Die lecken Fässer sind neu verpackt worden, bevor sie ins Reich ihrer Herkunft nach Deutschland gefahren werden. Dort hätte die legale Entsorgung einer Tonne Altpestizide zwischen 5000 und 11 000 Mark gekostet – in Rumänien dagegen wurden die Fässer für ein Handgeld in die Landschaft gestellt. Von acht Standorten, Schuppen inmitten von Dörfern, Obstplantagen oder offenen Lagerhallen, nehmen die in weiße Schutzanzüge gekleideten Umweltschützer jeweils ein bis zwei Fässer mit. Der Bestimmungsort der Fracht ist Bonn, das Umweltministerium. Für Herrn Minister Klaus Töpfer.

Die nordamerikanischen Quäker nennen dieses Prinzip »bearing witness« – Zeugnis ablegen am Ort der Tat und das Unrecht benennen und eventuell abwenden. Von ihnen übernahm es Greenpeace. Illegal waren die Exporte damals nicht, aber verwerflich, weil umweltschädlich und gesundheitsgefährlich. »Unethisch« in heutiger Sprache. Man kippt seinen Müll nicht in Nachbars Garten – so simpel war die Botschaft von Greenpeace und damit anschlussfähig für die breite Bevölkerung und allgemeine Öffentlichkeit.

Als der symbolträchtige Rücktransport über die tschechisch-deutsche Grenze rollt, wird er vom deutschen Zoll gestoppt. Für so einen Abfallimport müsse ein Antrag gestellt werden. Greenpeace erklärt, die Organisation mache einen illegitimen Giftmüllexport aus Deutschland rückgängig und handle hier eigentlich stellvertretend für die Regierung, und harrt mit zwölf Tonnen Giftmüll an der Grenze aus. Bundesumweltminister Klaus Töpfer (CDU) erklärt, der Müll falle unter die Hoheit des Landes Sachsen, und bleibt untätig.

Am 18. September steht der Truck noch immer an der Grenze. Eigentlich als »rollende politische Forderung« gedacht, ist der LKW nun ein stationäres »Müll-Mahnmal«. Greenpeace fordert die fachgerechte Entsorgung der Altpestizide in Deutschland und ein eindeutiges Verbot solcher »Müllschiebereien«. Das Regierungspräsidium Chemnitz verfügt, die Giftfracht müsse binnen 24 Stunden ins Zwischenlager Meerane gebracht werden. Ohne Antwort aus Bonn bleiben wir, wo wir sind, verkündet Greenpeace. Bonn aber ordnet die Räumung des Transports an. Am 24. September riegeln Polizisten den Truck ab. Feuerwehrleute mit schwerem Gerät entern den Anhänger, auf dem sich elf Greenpeacer an die Fässer gekettet haben. Bolzenschneider werden angesetzt und die Aktivisten losgeschnitten. Die Scheibe an der Fahrerseite des LKWs wird mit einem langen Hammer eingeschlagen, der Fahrer selbst bekommt eine feuerfeste schwarze Kapuze übergezogen und wird mit einer Flex vom Lenkrad getrennt, an das er sich mit einem Fahrradbügelschloss gekettet hat. Mechaniker schließen das Fahrzeug kurz. Nach drei Stunden ist der Spuk vorbei. Die Giftfässer landen in Meerane.

Gegenspieler und Ziel sind jetzt aber klar definiert: Klaus Töpfer soll innerhalb der Europäischen Union ein Exportverbot für gefährliche Abfälle durchsetzen. Im nächsten Schritt soll dann die EU das Verbot im System der Vereinten Nationen verankern. Einfach gesagt: Klaus Töpfer soll Müllexporte von den Reichen zu den Armen auf der Welt beenden. Die Auseinandersetzung spielt sich zwischen zwei Antagonisten ab: Greenpeace und Töpfer. »Wir machen hier Ihre Arbeit«, erklärt Greenpeace. »Warum machen Sie das nicht selbst?« Das ist potenziell viel beschämender als jede scharfe Anklage.

Unterschwellig zeiht die Organisation den Minister dennoch der Komplizenschaft mit den halbseidenen Ganoven, die hier dunkle Geschäfte machen. Von *Mafia* spricht Greenpeace dagegen nie, anders als das Bundeskriminalamt (BKA) und die Regierung. Der Eindruck, hier sei eine besonders gefährliche Dunkelmännerriege am Werk, der man politisch schier nicht beikommen könne, ist grundfalsch, eine fatale Ohnmachtserklärung der Politik. Auch *Mülltourismus*, ebenfalls eine BKA-Erfindung, wird als Parole gebannt, schließlich kommen Touristen zu Besuch, lassen Geld da und gehen dann wieder,

Müllschieber dagegen kommen, lassen Gift da und stecken den Profit selber ein.

Begriffe prägen und besetzen ist ein wichtiger Teil von Kampagnenarbeit: *Müllschieber*, *Billigentsorgung*, unter der *grünen Piratenflagge des Recycling*, *Giftmüllkolonialismus* sind solche Greenpeace-Prägungen. Und: *Der Skandal ist die Legalität*. Gegenüber der unsicheren, zwischen Dramatisierung und Verharmlosung schwankenden Behördensprache führt Greenpeace ein konsistent abwertendes Vokabular in den öffentlichen Diskurs ein.

Die spektakulären »Return to sender«-Aktionen 1992 bis 1994 sind das Herzstück und der öffentlichkeitswirksame Höhepunkt einer Kampagne, die schon seit 1988 läuft, ohne wirklich wahrgenommen zu werden. Was vorher so schal wie eine ungewürzte Mahlzeit war, hat jetzt erheblichen kulinarischen Reiz für die Massenmedien: Rostende, leckende Fässer, Zeugen vor Ort, Opfer, Namen und Gesichter von Schuldigen, Protagonisten für die gute Sache in Schutzanzügen auf Sattelschleppern und Schiffen.

Der Kopf hinter der Kampagne ist Andreas Bernstorff, der seinen Job bei der baden-württembergischen Landtagsfraktion der Grünen in Stuttgart aufgegeben hat, um für Greenpeace und damit weltweit zu arbeiten. Dahinter steht die Einsicht, dass dieses wuchtige Thema für ihn allein zu groß sein könnte. Bernstorff dockt sich deshalb an eine Organisation mit funktionierenden Strukturen an, der allerdings zu Giftmüllexporten die Expertise und die passende Person fehlen.

Bernstorff hat Großes vor: Er will dauerhafte Veränderungen in der Umweltpolitik und internationale Regeln.

Andreas Bernstorff, Experte für Campaigning

Ziele so zu formulieren, dass sie sich im Regime einer UN-Umweltkonvention befestigen lassen, ist aber sicher eine Königsdisziplin. Nur solche fixen Abkommen garantieren aber, dass Umweltsauereien, die lange abgehakt schienen, nicht plötzlich wieder durch die Hintertür auftauchen, wenn sich keiner mehr darum kümmert.

Nicht jeder Aktivist bringt so viele Talente mit wie Bernstorff und verwaltet seine Gaben derart professionell. Nach einem Studium der Geschichte, Soziologie und Politik arbeitet er zunächst als Lehrer, dann als Journalist, schließlich als Politiker. »Als Lehrer habe ich gelernt, Dinge einfach zu erklären. Als Journalist, Sachen so aufzuschreiben, dass Leute motiviert sind, neu darüber nachzudenken, und als Wahlkämpfer und Landtagsabgeordneter, keine Angst vor fremden Milieus zu haben und dort auch neue Bündnisse zu schmieden«, sagt Bernstorff. Das sei alles lernbar. Ebenso wie die Dramaturgie einer guten Kampagne, eigentlich von jedem »Veränderungsvorhaben«. Nicht zuletzt, weil umfängliche Erfahrungen von Menschen wie Bernstorff zur Verfügung stehen, die sich nutzen lassen. Jeder, der sich das erste Mal engagiert, wähnt sich zunächst in der Minderheit und sieht seine Chancen als gering an – das war auch bei Bernstorff so. Auch er guckt sich was ab, lässt sich von Gandhi inspirieren und von Paul Feyerabends Diktum: »Redet nicht, organisiert euch!«

Um es kurz zu machen, Greenpeace und Bernstorff erreichen nach sieben Jahren Kampagne ihre Ziele, werden dafür weltweit gefeiert. Im September 1995 wird in Genf von der internationalen Staatengemeinschaft die Basler Konvention über Grenzüberschreitende Abfalltransporte neu geschrieben. Der Export gefährlicher Abfälle aus OECD-Staaten in den Rest der Welt wird bei Strafe verboten. Selbst die Gegner und Nichtunterzeichner des Abkommens, beispielsweise die USA und Japan, halten sich bis heute (2010) anstandshalber weitgehend daran.

Was waren bedeutsame Etappenziele, die auf dem Weg lagen? Sicherlich Minister Töpfer selbst an die Spitze der Bewegung zu bekommen. Die Rückholaktionen von Greenpeace sind für Töpfer ein Desaster. Dabei ist er eigentlich nicht zuständig, wie er auch zunächst immer wieder betont. Abfall ist Ländersache, Außenhandel ist EU-Angelegenheit. Dennoch macht Greenpeace ihn zum Antagonisten, kampagnentechnisch gesprochen ist er das »Gegnerkonstrukt«. Denn wer kann beides beeinflussen, die Länder und die EU?! Ja, die Bundesregierung, der Bundesumweltminister. Ihm ist, auch persönlich, elend, weil Giftmüll aus Deutschland in alle Ecken der Welt geht. Zum Weltmeistertitel im Fußball (1990) kommt der zweite Titel: »Weltmeister im Giftmüllexport«. Töpfer beginnt, die Greenpeace-Drohung ernst zu nehmen: »Wir holen jedes Gramm zurück, egal von wo, egal wie lange es dauert, und immer an die Adresse Umweltministerium in Bonn.«

Anfang Februar 1993, wieder Rumänien. Etliche Giftfässer sind durch Frost geplatzt und drohen die Umgebung zu verseuchen. Greenpeace sichert die Fässer und leistet praktische Hilfe. Die zunächst kritische Bukarester Regierung dankt erstmals der »Firma Greenpeace«. Greenpeace stellt Töpfer ein Ultimatum, bis zum 15. Februar den Rücktransport aller Pestizide anzuordnen, sonst werde die Organisation erneut einiges nach Hause bringen. Töpfer will sich nicht mehr öffentlich vorführen lassen, lenkt ein und setzt die Fässer selbst aufs Gleis. Ein Zug von 1,3 Kilometern Länge schafft die brisante Fracht im März zurück nach Deutschland. Der Durchbruch ist geschafft. Feierabend ist aber noch nicht.

Als Greenpeace 1994 Giftmüll aus Albanien zurückschafft, springt die Bundesregierung zum zweiten Mal bei, übrigens wiederum zu Kosten von über sieben Millionen

Mark. Ein Strafverfahren wegen illegaler Einfuhr von Sonderabfall gegen Bernstorff wird eingestellt, die Aktion sei »im wohlverstandenen Interesse der Bundesrepublik Deutschland« gewesen, so die Richterin. Gleichzeitig reißt Töpfer in der Bundesregierung das Ruder herum und setzt sich auch international für eine Verschärfung der Regeln ein. Als er, kurzzeitig Bundesbauminister, eine Einladung von Greenpeace dankend ablehnen muss, schreibt er gleichzeitig: »An guten Gegnern wächst man, Greenpeace war immer fair.« Der Gegner von gestern wird zum Verbündeten – und bleibt es.

Das ist umso wichtiger, weil sich noch einmal der Wind dreht und das Verbot aufgeweicht werden soll. Töpfer, inzwischen Chef des Umweltprogramms der Vereinten Nationen (UNEP), trifft sich vor der entscheidenden wichtigen Konferenz in Kuching/Malaysia morgens um halb sieben mit Andreas Bernstorff und dem Greenpeace-Völkerrechtler Dr. Kevin Stairs zum Frühstück und bespricht sich mit ihnen. Ein Treffen mit Industrievertretern sagt er dafür ab. In der Nacht zuvor hatte Bernstorff ihm einen handgeschriebenen Brief in sein Hotel gebracht, nachdem Töpfers UNEP-Entourage ihn telefonisch abgewimmelt hatte. Diese Hartnäckigkeit zahlt sich aus. Der UNEP-Chef ändert mit Bleistift eine vorbereitete Rede und übernimmt fast eins zu eins die Greenpeace-Positionen. »Man muss merken, jetzt kommt es drauf an«, erklärt Bernstorff, »und dann wirklich alle Strippen ziehen.« Ein Frühstück am Rande eines wichtigen Treffens gehört zur Feinarbeit dazu. Stille Konferenzdiplomatie sichert, dass schwarz auf weiß in Paragrafen gesetzt wird, was in lauten Parolen öffentlich gefordert wird.

Die fachliche Kompetenz von Bernstorff zweifelt auf internationalem Parkett ohnehin niemand mehr an. Nicht nur, weil er auch schon national Gehör gefunden hat. Eher wegen der Kärrnerarbeit im Hintergrund. Seit Dezember 1987 haben er und sein Team akribisch alle Müllexporte recherchiert. Bis 1994 wurden weltweit an die 600 Fallbeispiele gesammelt, in zahlreichen Länder- und Regionalberichten und in einem Gesamtdossier veröffentlicht. Sorgfältig eruiert und beobachtet Bernstorff die Rechtslage, die weltweite Politik zum Thema und den aktuellen Stand der UN-Verhandlungen. »Ich habe gefragt und gefragt und mich belehren lassen, bevor ich mitgeredet habe«, sagt er. Es dauere eben, bis man auf Augenhöhe sei. Von diesem Niveau aus formulieren er und Kevin Stairs Vorlagen für eine Regelung, die zum verbindlichen Völkerrecht wird.

Ohne die umfassenden Papiere von Stairs wären die wort- und bildmächtigen Aktionen von Bernstorff weniger glaubwürdig gewesen. Die unterstützenden Husarenstücke fallen selbstverständlich nicht vom Himmel. Man muss wissen, dass das Auffinden von Giftmüll in schäbigen Lagerhallen in ganz Europa zumindest zum Teil auf wochenlange Undercoverrecherchen von Greenpeacern zurückgeht, die nicht ungefährlich waren.

Bernstorff, der Stratege, verlässt sich also auf das Handwerk von extrem engagierten und professionellen Kollegen. Auf Rechercheure, die andere Identitäten annehmen, auf die Lenker von Gefahrgut-LKWs, die sicher und ruhig am Steuer sitzen, auf Aktionisten, deren körperlicher Einsatz bis zum Anketten reicht. Und natürlich auf Fotografen oder Filmer, die alles dokumentieren. Sie sind durch Übung aufeinander eingespielt und beherrschen ihre Spezialaufgaben sicher. Der Leim, der sie zusammenhält, sind gemeinsame Prinzipien. So ein Team ist nicht leicht zu finden. Erst diese Menschen ermöglichten die taktische Beweglichkeit. »Allein machen sie dich ein« – an diesem alten Spruch ist viel Wahres. Gleichzeitig braucht es einen, der alles aufs Gleis setzt und dessen fehlende Angst vor Autoritäten besonders stark ausgeprägt ist, denn in der Regel stellen sich Streitern für Veränderung Menschen in Amt und Würden in den Weg.

»Vor Fürstenthronen nicht erzittern« – das ist die Leitmaxime von Andreas Bernstorff. Als 14-Jähriger hat er bereits geübt, sich Autoritäten entgegenzustellen. In seiner ostholsteinischen Heimat arbeitete er in einer Gruppe, die die Vogelreviere der Feldflur kartierte. Die Bauern hatten begonnen, die Knickheckenlandschaft rücksichtslos mit ihren Vorderladern auszuräumen, um die Äcker maschinengerecht herzurichten. »Wir führten Buch über verschwundene Vogelarten, so eine Art Rote Liste. Damit gingen wir zur Presse und an das Landratsamt«, erzählt Bernstorff, »heute sind die Knicks geschützt.« Vögel beobachtet Bernstorff übrigens noch heute, und er zählt sie jährlich an bestimmten Orten.

»Ich empfehle, sich warmzulaufen«, fasst er seine Botschaft zusammen. Wem vor dem ersten Streit mit der Stadtverwaltung graue, der solle den Dialog in einem Rollenspiel ruhig vorweg üben. Aufmüpfig sein, das könne man trainieren.

Training ist das Zauberwort. Bernstorff lehrt heute an den Universitäten von Witten-Herdecke und St. Gallen

(Schweiz), den beiden Berliner »Schools of Governance« (Hertie und Humboldt-Viadrina), wie man Kampagnen schmiedet. Er berät Nichtregierungsorganisationen wie Foodwatch und Amnesty International und Parteien wie die Grünen und die SPD, wie man die eigene Sache gewinnt (www.bernstorff-camp.de). Wem die Entscheidung schwerfalle, sich für oder gegen ein bestimmtes Thema einzusetzen, aber sich »endlich« dennoch engagieren wolle, rät er, vor der eigenen Haustür zu beginnen.

Bernstorff, der in einem wunderschönen alten Haus in Heidelberg lebt, schaut auf die Straße und erblickt eine alte Kastanie. Wie wäre es, wenn jemand auf die Idee käme, diesen mächtigen Baum abzuhacken? Blitzschnell entwirft er einen Plan. Man möchte ihn eigentlich nicht zum Gegner haben, diesen Mann. Er ist ein ganz geschickter Hund.

Merke

Wenn ein Anliegen für einen allein zu groß ist, dann dockt man sich besser an eine Organisation an. Wer ein gutes Projekt hat, findet sicher auch Mitstreiter und Mittel, etwa bei Stiftungen.

Mehr zum Thema

Dokumentation der Kampagne beim Zentrum »Ans Tageslicht«: http://www.anstageslicht.de/index.php?UP_ID=3&NAVZU_ID=46&STORY_ID=73

Kastanie Häusserstraße! – Wie Andreas Bernstorff einen Baum retten würde

Nehmen wir mal an, die Stadt will eine alte Kastanie vor meiner Haustür fällen. Das gefällt mir nicht. Zuerst rufe ich bei der Stadt an und frage beim Grünflächenamt, was daran sei und warum der Baum weg solle. Dann werden die vielleicht komisch und erklären, dass in der Straße welche wohnen, die Licht und Luft wollen, oder der Sicherheit wegen, es könnten bei Sturm Äste auf Köpfe fallen. Ich überlege mir Alternativen und schlage vor, die Krone einzukürzen. X-mal hätte ich schon gesehen, dass das gemacht wird.

Weil das nicht sofort verfängt, rede ich mit den Nachbarn und gründe vorsorglich die Bürgerinitiative »Kastanie Häusserstraße«. Das geht blitzschnell. Vielleicht hätten sie nicht selbst den Hintern hochbekommen, aber sie schließen sich an. Wohlgemerkt konzentrieren wir uns auf einen Baum und nicht eine ganze Allee – das braucht eine größere Initiative und mehr Zeit. Sprich, wir setzen uns realistische Ziele und bemessen nüchtern die Reichweite des eigenen Einflusses. Wir gucken auch, wie viel Zeit wir haben, bis das Baumfällkommando anrücken soll.

Dann analysiere ich das Kräftefeld und welche Akteure wohl interessiert sein könnten, den Baum zu retten. Primär wohl die, die den Baum auch direkt sehen. Das ist nur ein Teil derjenigen, die in der Häusserstraße wohnen. Wenn ich über die zu weit hinausgreife, ist das also schlicht Kräfteverschwendung. Alle, die für mich sind, werden mit Plus aufgeladen. Alle, die gegen mich sind, mit Minus. Dazwischen ist noch Leere, und es gilt herauszubekommen, ob sich da noch jemand verbirgt. Jemand, der unverhofft aufsteht und sich mir in den Weg stellt.

Für meine Sache vergessen kann ich getrost diejenigen, die Licht und Luft haben wollen und oben in den Häusern wohnen. Mit denen muss ich nicht reden. Beobachten tue ich sie aber. Auf der anderen, meiner Seite, gibt es Leute, die sich schon immer mal engagieren wollten, die nicht nur immer meckern wollen, sondern eine Aufgabe suchen. Dazu können durchaus Oberwohner gehören. Diese frei flottierenden Kräfte spanne ich ein. Einer kann ein Flugblatt formulieren, ein anderer ein Logo entwerfen oder recherchieren, wo solche Proteste vielleicht schon einmal erfolgreich waren. Gab es da nicht vor 20 Jahren diese Platanen in Mannheim, die umgelegt werden sollten und immer noch stehen?

Hundertprozentig sicher muss ich mir sein, wer der Entscheider für diese Sache ist, der Leiter des Grünflächenamtes? Ja? Ihn nehme ich ins Visier. Wenn die Lage diffus ist oder er sich verschanzt, spiele ich den Konflikt eine Ebene höher, ziehe ihn in den Bezirksbeirat, den Gemeinderat und maximal bis zum Oberbürgermeister.

Wir gewinnen den Konflikt. Und verlieren nichts, wenn auch vielleicht diesen einen Baum. Denn selbst wenn die Kastanie am Ende gefällt ist, gebe ich nicht auf, sondern frage: »Was kommt denn nun da hin?« Endgültige Niederlagen in solchen Konflikten gibt es nicht. Es gibt nur verpasste Chancen. Deshalb fangen wir an, selber zu überlegen und uns einen passenden Stadtbaum auszusuchen, den wir dort haben wollen. Notfalls kaufen wir einen bereits vier Meter hohen Baum aus einer Baumschule und setzen ihn selbst. Jetzt soll uns jemand hindern! Denn im Kern geht es bei unserem Protest darum, den eigenen Lebensraum selber mit zu gestalten.

Generell gilt: Bringen wir ein bisschen Mut auf, wir sind nicht ohnmächtig. Den Gegner oder »Gegenspieler« lassen wir dabei das Gesicht wahren. Eine maximale Immunreaktion der anderen Seite nützt uns nämlich nichts.

Ob der Baum noch steht oder ein anderer gepflanzt wurde – am Ende feiern wir den Erfolg und gratulieren der Stadtverwaltung schön (wenn sie es verdient hat).

Gegen die Datenkrake

Worum ging es?

Selbst die Autorität des Bundesverfassungsgerichts konnte »padeluun« nicht dazu bringen, seinen wirklichen Namen bekanntzugeben. Der Künstler aus Bielefeld ist Sprecher des »Arbeitskreises Vorratsdatenspeicherung«. Im März 2010 hatte die Initiative in Karlsruhe ihren großen Auftritt: Deutschlands Verfassungshüter berieten über eine Verfassungsklage des Arbeitskreises gegen das »Gesetz zur Vorratsdatenspeicherung«. Es war ein erster Schritt zum gläsernen Bürger: Telekom, Vodafone und Co. speicherten umfassend Daten, etwa wer mit wem in den letzten sechs Monaten telefonierte oder e-mailte. So viel Totalprotokollierung ging selbst Karlsruhe zu weit. Die Richter kippten das Gesetz.

Was hat es gebracht?

Padeluun und seine Mitstreiter haben nicht nur erfolgreich die größte Massenklage vor Deutschlands höchstem Gericht in der Geschichte der Bundesrepublik initiiert (35 000 Bürger unterstützten mit ihrer Unterschrift die Verfassungsbeschwerde). Vor allem haben sie die Deutschen für das Thema Privatsphäre sensibilisiert.

Wie geht es?

Eine Verfassungsbeschwerde einzureichen, sollte man wohl eher Menschen mit einem Faible für juristische Spitzfindigkeiten überlassen. Aber eine öffentliche Online-Petition auf der Internetseite des Deutschen Bundestags zu starten ist simpel und dauert gerade einmal eine Viertelstunde (https://epetitionen.bundestag.de/). Und das Unterzeichnen sogar nur ein paar Sekunden. Wer erst mal einen traditionellen Brief an seinen Abgeordneten schicken will, der findet seinen Abgeordneten hier: www.bundestag.de/bundestag/abgeordnete17/index.jsp.

Recht auf Info

Worum ging es?

Drei Jahre lang musste sich Manfred Redelfs von Greenpeace gedulden, bis die Behörde ihm endlich Daten übermittelte, wer eigentlich in Deutschland die größten Profiteure von Agrarsubventionen sind. Ganz schön lange, wenn man bedenkt, dass das Umweltinformationsgesetz (UIG) und vor allem das Informationsfreiheitsgesetz (IFG) eine »unverzügliche« Bekanntgabe vorsehen. Trotz gesetzlicher Pflicht bockte das Hauptzollamt Hamburg-Jonas, verzögerte die Bekanntgabe und redete sich immer wieder mit zu hohem Verwaltungsaufwand und Betriebsgeheimnissen heraus. Vergeblich. Vor Gericht erstritt Greenpeace die Offenlegung.

Was hat es gebracht?

Mehr Transparenz. Seit der Greenpeace-Klage weiß jeder, dass nicht kleine bäuerliche Betriebe sinnvollerweise von EU-Agrarsubventionen profitieren, sondern vor allem große Konzerne wie die Fleischwerke Edeka Nord. Auch behördenintern sorgten die Daten für Wirbel. Der Zoll nahm wegen Verdachts auf Subventionsbetrug Ermittlungen gegen ein Empfängerunternehmen auf.

Wie geht es?

Sie wollten schon immer wissen, wie viel CO_2 ein Dienstwagen der Bundesregierung ausstößt und welche Unternehmen Steuererleichterungen erhalten? Dann stellen Sie beim jeweils zuständigen Bundesministerium eine Auskunftsanfrage nach dem IFG. Jeder Bürger hat das Recht auf eine Behördenauskunft, nicht nur große Organisationen wie Greenpeace. Der Antrag muss noch nicht einmal ein Schreiben sein, selbst ein Anruf genügt (http://www.bundesregierung.de/Content/DE/StatischeSeiten/Breg/FAQ/faq-informationsfreiheitsgesetz).

Übrigens: Wer wissen will, ob der Metzger ums Eck schon einmal Gammelfleisch verkauft hat, der beruft sich besser auf das Verbraucherinformationsgesetz (http://www.vigwirkt.de). Und wer mit Entscheidungen seiner Gemeindevertreter unzufrieden ist und neue Ideen einbringen will, der kann ein Bürgerbegehren initiieren. Der Berliner Verein Mehr Demokratie e.V. berät und hat in jedem Bundesland sogar einen Ansprechpartner (http://www.mehr-demokratie.de/beratung.html).

»›Tischlein deck dich‹ als Name einer Obdachlosenhilfe, das ging gar nicht. Im selben Märchen kommt ja später noch der Knüppel aus dem Sack.«

Sabine Werth, Tafel-Gründerin

Kapitel 5

Soziales Engagement – Neue Rezepte gesucht

Bei einem Glas Rotwein und nach einem New Yorker Vorbild entstand die Idee der Tafeln. Allein die Berliner Tafel versorgt jeden Monat 125 000 Bedürftige mit Essen. Trotzdem muss sich Gründerin Sabine Werth Vorwürfe anhören, sie verteile Almosen und entlasse den Staat aus seiner Verantwortung. »Dusselig« nennt sie das. Pragmatische Hilfe und Druck auf die Politik schließen sich nicht aus.

Da kommt sie persönlich. Mit einem Transporter der Berliner Tafel holt Sabine Werth den Hamburger Gast vom Hauptbahnhof ab. Frühmorgens. Nicht, dass die Tafel-Vorsitzende nichts zu tun hätte oder denkt, die Besucherin würde sich verirren auf dem Weg zu den Berliner Großmarkthallen, wo die Tafel residiert. Sabine Werth macht halt gerne alles selbst. Packt zu. Und kümmert sich auch noch ums Kleine, wenn es gerade um das große Ganze geht.

Tatsächlich gilt es in diesen Tagen im April 2010 eine schwere Krise zu meistern. Die Berliner Tafel bekommt die Affäre um die Treberhilfe zu spüren. Der Chef der Obdachlosenhilfe hatte sich einen Maserati als Dienstwagen geleistet. Sich Mildtätigkeit in dieser üppigen

Weise vergolden zu lassen kam in Berlin nicht gut an, zumal die Stadt den Verein unterstützt.

Just als die Luxuswagenaffäre bekannt wurde, standen Ostern Ehrenamtliche von »LAIB und SEELE«, einer Aktion der Berliner Tafel, der Kirchen und des Rundfunks Berlin-Brandenburg, in 50 Supermärkten und baten Kunden um eine Lebensmittelspende für Hilfsbedürftige. »Eins mehr!« heißt die Aktion, bei der die Leute ein Produkt mehr kaufen und abgeben sollen. Diesmal kam ein Viertel weniger zusammen als im Jahr zuvor. Die Bitte sei »immer wieder mit dem Verweis auf die Machenschaften der Treberhilfe abgewiesen« worden, erzählt Sabine Werth.

Zu Unrecht. Die Berliner Tafel lebt ganz bewusst nicht von staatlichen Zuschüssen, sondern von den vielen Kleinspenden der Bürgerinnen und Bürger der Hauptstadt. Damit werden die Lager- und Büroräume, die Transporter, das Benzin und die Gehälter der 14 Festangestellten bezahlt. Firmen unterstützen die Tafel in der Regel mit Sachspenden, vor allem Lebensmitteln. Die größte in 17 Jahren eingegangene Spende war die des Bundespräsidenten und des Regierenden Bürgermeisters, die ein Benefizkonzert zugunsten der Tafel veranstaltet hatten, das 80 000 Euro in die Kassen spülte. »Bei uns gerät nichts in die falschen Kanäle«, sagt Sabine Werth. Für ihre Arbeit wurde die Sozialaktivistin unter anderem mit dem Bundesverdienstkreuz geehrt.

In den Sog gerät die Berliner Tafel trotzdem – und die Vorsitzende und Frau der ersten Stunde gleich mit. Gönnt sie sich auch Topgehalt und ein Riesenbüro? »Ich bin nach wie vor ehrenamtlich tätig«, entgegnet Sabine Werth.

Für die zahlreichen Termine hat sie 15 Jahre lang ihren eigenen Wagen benutzt, seit zwei Jahren fährt sie einen Golf als Dienstwagen. Sie ärgert sich, dass alle, die den Schwächeren helfen, momentan unter Generalverdacht geraten. Da reicht einer, der mauschelt, um alle in Misskredit zu bringen. Die Sabine-Werths dieser Welt werden entweder als Gutmenschen belächelt oder schnell beschuldigt, dass sie sich sicher nicht für »lau« einsetzten.

Aber genau das tut Sabine Werth. Und zahlt mit einer Doppelbelastung, denn ihren Lebensunterhalt verdient sie seit 22 Jahren mit einer Familienpflege. Bevor die 53-Jährige an diesem Morgen zur Teamsitzung der Tafel flitzt, telefoniert sie noch mit Frauen, die das Bett hüten müssen und nun nach einer Hilfe für Haushalt und Kinder fragen. Umso wichtiger ist es, dass sie Tafel und Pflegedienst von einem Büro aus führen kann. Sicher ist ihr Organisationstalent eines der Geheimnisse, warum die Tafel so reibungslos läuft. Man ahnt aber, dass sie explodieren kann, wenn etwas für ihren Geschmack nicht schnell genug geht. Ihr Outfit ist so schlicht wie ihr Büro. Ihre rote Montur ähnelt einem Arbeitsoverall, die blonden Haare sind kurz, die Brille rund und schnörkellos. »Für Schnickschnack habe ich keine Zeit«, strahlt sie aus. In ihrem Einsatz für die Tafel ist sie maßlos, in anderen Dingen eher abstinent.

Sie eilt zur Tafelrunde. Die amtierende Führungsriege sitzt um den Tisch und hakt routiniert die Tagesordnung ab. Es gilt die Stadtwette zu planen. Bürgermeister Klaus Wowereit hat gewettet, dass die großherzigen Berliner innerhalb von vier Wochen 50 Tonnen haltbare Lebensmittel für Bedürftige spenden werden. Auf dem Berliner Alexanderplatz wird dann zu sehen sein, was eingesammelt wurde – und an einer langen Tafel auch gemeinsam gegessen. Ein gutes Symbol dafür, wie Sabine Werth und viele Sozialaktivisten wie sie ticken. Alle sind ebenbürtig. Egal, ob sie viel oder wenig haben.

Diese Aktion ist nötig, weil weniger Essen ankommt als früher. Oder umgekehrt gesagt: Weil die Zahl derer, die darauf angewiesen sind, stärker steigt als die Menge der gespendeten Lebensmittel. Aus den wenigen Tausend Obdachlosen, die Sabine Werth anfangs versorgte, ist ein Heer von Bedürftigen geworden – spätestens seit 2003 die Hartz-IV-Gesetzgebung in Kraft trat.

»Wir decken denen eine Tafel, die es sich nicht leisten können«, sagt Sabine Werth. Sie arbeite nach dem Robin-Hood-Prinzip, vermittle zwischen Überfluss und Mangel. Im Klartext retten die Tafel-Leute Lebensmittel vor dem Abfall und geben sie an Hungrige weiter. Jeden Tag fahren 20 Kühlautos auf festgelegten Routen durch Berlin und laden vor allem bei Supermärkten wie Penny, Netto & Co. alles ein, was sonst weggeworfen würde. Das waren früher rund 20 Prozent der Waren. Tonnen von Lebensmitteln landeten so monatlich im Tafel-Lager. Doch die Finanzkrise hat die Landschaft verändert. »Früher haben die Discounter schon fünf Tage vorm Erreichen des Mindesthaltbarkeitsdatums großzügig aussortiert«, erklärt Sabine Werth. Jetzt behielten sie alles bis zur letzten Sekunde im Laden und gewährten den Kunden Rabatte. Je näher am Datum, desto mehr Prozente. Und weil die Kunden klamm sind, kaufen sie Ware, die sie früher verschmäht hätten. Positiv betrachtet heißt das, es wird nicht mehr so viel weggeworfen. Bittere Kehrseite: Der Nach-

Sabine Werth, die Gründerin der Berliner Tafel

schub für die Tafeln wird magerer. Bis dato gilt die eherne Regel: Dazugekauft wird nichts. Aber die Tafeln nehmen auch Waren, die abgelaufen sind. Zu Recht betont Sabine Werth, dass diese Lebensmittel nicht automatisch verdorben sind.

Ohne penible Kontrolle verlässt ohnehin nichts wieder das Lager. Einen Stock tiefer stapeln sich an diesem Tag Brot und Brokkoli, Spargel, Paprika und Auberginen. Natürlich auch Bananen, die eher braun als gelb sind, und Äpfel, die eher schrumpelig als knackig sind. Was die Augen nicht mehr überzeugt, wandert endgültig in den Müll. Sabine Werth träumt von einer Biogasanlage, um auch diese Reste noch zu verheizen. Haltbares wird dagegen in der »Schatzkammer« gehortet, da gibt es feine Öle genauso wie Marmelade oder Gewürze.

Nach Notstand sieht es wahrlich nicht aus, aber Sabine Werth bewegt sich lieber früher als später. Neue Rezepte sind gefragt. Pfiffige Ideen wie die Stadtwette. »Wenn Wowereit verlieren sollte, schiebt er einen Tag Dienst bei uns«, lächelt Sabine Werth. Und ein derart prominenter Helfer ist Gold wert. Sie ahnt die Frage. Die Tafeln folgten dem Grundsatz politischer Neutralität. »Ich versuche die Politiker zu benutzen und sie mich«, meint sie.

Allianzen bilden, um eine Sache wachsen zu lassen, das konnte sie von Anfang an. Die erste Zeit fuhr sie noch selbst und überredete Händler, die übrig gebliebene Ware zu spenden. Einer Computerfirma, von der sie einmal wöchentlich einen Lieferwagen lieh, überließ sie dafür im Tausch ihren PKW. »Ich bin losgetingelt und habe gefeilscht, wenn es Not tat«, sagt sie. Wichtiger Rat für alle Nachahmer, die für ihre Sache Unterstützer suchen: Stellt euch auf euer Gegenüber ein. Bei Turnschuhleuten tretet in Turnschuhen auf, bei Anzugträgern mit Kostüm. Das sei nicht inszeniert, sondern spräche nur für das Talent, mit Situationen spielerisch umzugehen.

Was Sabine Werth erzählt, hört man oft – Hausbesetzer, die im schnieken Anzug zur Bank gehen und wie Investoren reden, weil sie ihre Häuser kaufen wollen, oder Konzernkritiker, die auf Hauptversammlungen auftreten und fachmännisch mit Zahlen jonglieren. Selbst wer den Baustellenlärm vor seiner Haustür bekämpfen will, sollte mit Behörden verhandeln können und wissen, was Dezibel sind. Das könne man üben, erklärt Sabine Werth, notfalls helfe ein Rollenspiel, bevor man einen wichtigen Verhandlungstermin wahrnimmt. Sie selber sei eine »geborene Rampensau«. Soll heißen, sie ist extrem extrovertiert und wird vor Kameras erst richtig warm, wie ein Kollege sagt.

Früh übt sich, das gilt auch für Sabine Werth. Sie war mit 14 die jüngste Schulsprecherin Berlins und hatte nie Angst, anzuecken. Ihr Studium als Sozialpädagogin finanzierte sie mit Jobs in der Altenpflege. Der Gedanke, den Schwächeren und Verfolgten zu helfen, trieb sie zu amnesty international, und auch die radikaleren Varianten des Protests hat sie für sich erprobt. Als der damalige US-Präsident Ronald Reagan nach Berlin kam, planten sie, alle Brunnen mit Kaliumpermanganat rot zu färben. »Wo Reagan auftaucht, fließt Blut«, hätte der Slogan geheißen.

»Ich habe ein Gespür dafür, was funktioniert«, sagt Sabine Werth. Als sie 1993 in ihrem Frauenverein einen Vortrag über Obdachlose hörte und ein Zeitungsartikel über »City Harvest« in New York kursierte, kombinierte sie beides und setzte die Lebensmittelumverteilung mit Verve in die Praxis um. Was andere als titanische Aufgabe empfunden hätten, hielt Sabine Werth für lösbar. Das ist typisch für Menschen wie sie, die sich in dieser massiven Form dem bürgerschaftlichen Engagement verschrieben haben. Menschen, die politische Kampagnen fahren, sprechen oft davon, dass sie ihre Sache gewinnen wollen. Dieser Optimismus ist ansteckend und verführt dann viele, dem guten Beispiel zu folgen.

Wer heute die schiere Größe der Tafel-Bewegung bewundert, kann sich kaum vorstellen, in welchem Bonsaiformat Sabine Werth startete. Sie trennte sich sogar von ihrer Initiativgruppe, die sie als träge empfand. Motor des Ganzen war damals und ist heute sie selbst. »Die Teamarbeit musste ich mühsam lernen, als wir gewachsen sind«, räumt sie ein. »Das macht die Sabine« ist dennoch ein häufiger Satz in den Räumen der Tafel.

Nur, wie tauft man sein »Baby«? Der richtige Name sei essentiell, erklärt Sabine Werth. Wieder so ein Rat an alle. Das Grimm'sche Märchen »Tischlein deck dich« falle einem zwar sofort ein, enthielte aber eine Wendung, die den Namen diskreditiere. Im Verlauf der alten Geschichte werde nämlich später noch der Knüppel aus dem Sack geholt. Wer wisse, dass Obdachlose gerne mal mit Polizeigewalt aus der Innenstadt verbannt werden, könne einen solchen Beiklang im Namen einer Hilfsorganisation nicht wollen. Mit vielen Gläsern Rotwein intus wurde schließlich die »Berliner Tafel« geboren.

Getrieben von einer Vision, aber ohne ausgeklügelten Plan, kommt man nicht weit. Die Werth'sche Truppe hortete nun Lebensmittel, kam aber an die mit dem Bärenhunger nicht wirklich heran. Sabine Werth schwebte ein dichtes Netz von Ausgabestellen vor, verteilt über die ganze Stadt. Die Wege durften nicht zu weit sein. »Wer kein Geld für Brot hat, hat auch kein Geld für Bus und Bahn«, erzählte sie im Radio. Womöglich könnte die Tafel sich aber mit den Kirchen verbünden. Wie der Zufall es wollte, hörte Friederike Sittler, Leiterin der Kirchenredaktion des Rundfunks Berlin-Brandenburg, das Interview und sorgte für die nötigen Kontakte. Im Dezember 2004 holten die ersten Familien für einen symbolischen Betrag Lebensmittel in St. Marien auf dem Alexanderplatz ab. Zuvor hatte Sabine Werth gelesen, dass viele Berlinerinnen und Berliner zu Weihnachten nichts zu essen hätten. Das war die Geburt von »LAIB und SEELE«.

Heute hat »Laib und Seele« 45 Ausgabestellen in Kirchengemeinden im ganzen Stadtgebiet, wo einmal pro Woche Lebensmittel verteilt werden. »Es ist ein Zubrot«, erklärt Sabine Werth, für die Grundversorgung der Bedürftigen sei nach wie vor der Staat zuständig. Mindestens 1300 Ehrenamtliche sind pro Woche an »LAIB und SEELE« beteiligt – unter diesem Namen firmiert dieses Standbein der Tafel. Mehr als 45 000 Menschen werden im Monat mit Lebensmitteln versorgt, davon ein Drittel Kinder und Jugendliche. So bleibt denen, die wenig haben, mehr Geld im Portemonnaie. Parallel werden 350 soziale Einrichtungen beliefert: Schulen, Obdachloseneinrichtungen, Beratungsstellen jeder Art – oft wird dort auch gekocht. Der Adressatenkreis hat sich also weit über Obdachlose hinaus entwickelt.

Kochen ist ein großes Thema geworden. Nach den Beobachtungen von Sabine Werth und Friederike Sittler ist das Wissen verschüttgegangen, was sich alles aus zwei Auberginen und drei Paprika kochen lässt, ohne noch viel und kostspielig dazuzukaufen. Für fatal halten sie die Botschaft, dass gesund essen teuer sein müsse. Sie haben Prominente für ein Kochbuch gewonnen, das alle bei »LAIB und SEELE« registrierten Haushalte geschenkt bekommen haben. Sänger Peter Fox erklärt, wie er Bouletten macht, Starkoch Alfred Biolek, was er aus Tomaten und Äpfeln zaubert, und Sabine Werth steuert bei, wie aus überreifen Bananen ein Curry wird. »Koriander, Petersilie oder Ingwer sind bei uns Ladenhüter«, sagt Sabine Werth. Also speisten sie Know-how ein und Mut, Neues in der Küche auszuprobieren. Dass ihrer Klientel vielleicht gerade der Strom abgestellt wurde oder mancher kaum noch Zähne zum Kauen hat, ist ihr bewusst.

Dramatisch ist die Situation der Kinder, bei denen der Kühlschrank wenig hergibt und die Küche kalt bleibt. Nach Beobachtungen von Sabine Werth wird aber auch in Familien mit vollen Kühlschränken weniger gekocht und gemeinsam gegessen. In den drei Kinder- und Jugendrestaurants, die die Tafel betreibt, können deshalb Kinder aller Schichten ein Drei-Gänge-Menü vertilgen, niemand fragt nach dem Geldbeutel der Eltern. Verarbeitet werden vor allem Biolebensmittel – von denen Sabine Werth sagt, sie bekämen ausgerechnet diese vorbildlichen Produkte im großen Stil von den Supermärkten. Einmal die Woche gibt es frischen Fisch.

Für das Tafel-Team selbst gibt es an diesem Tag Bohnensuppe und Würstchen. Bodenständig geht es auch hier zu. Am Tisch sitzt Neuzugang Ralf Stegmann, der Koch, der an Bord des KIMBAmobil fahren wird, einer Art rollenden Kochschule für Kinder. Er trägt Pferdeschwanz und sieht so aus, als wisse er, wie man eine Horde Jugendlicher bändigt. Der umgebaute und bunt bemalte Doppeldeckerbus fährt Schulen, Kindertagesstätten und Jugendeinrichtungen an, um jeweils eine Klasse oder Gruppe von 6- bis 16-Jährigen aufzunehmen. Selber schnippeln ist angesagt, zuletzt wird auf dem Oberdeck das Menü verspeist.

Nachmittags wird in kleiner Runde der Speiseplan festgezurrt. Zum Repertoire gehören überbackene Kartoffeln und Nudeln mit vegetarischer Sauce bolognese. Sabine Werth schlägt Gemüseburger vor, Ralf einen Eintopf – einig sind sich beide, dass es darum geht, sich einen Imbiss machen zu können, nicht ein Spitzenmenü. Fürs Probekochen fliegen die Hände der Erwachsenen am Tisch nur so hoch. Dieser Bus hat alle eine Extraportion Arbeit gekostet. Busfahrer, die eine Gratisschicht schieben, um den Bus zu steuern, sind gefunden. Sichtbar wird, dass Sabine Werth mit ihrem Einsatz andere angesteckt hat. Was sie geschafft hat, ist eine massive Mobilisierung von Rettungskräften.

Die Tafeln sind längst zum Modell geworden für Sozialheldentum in dieser Gesellschaft. Die Unternehmensberatung McKinsey hat sogar ein Handbuch erarbeitet, wie man eine Tafel gründet – eine Art Masterplan. An ihrem Muster lernen, das gefiel auch Politikern. Bei einem Treffen im Bundeskanzleramt entstand, angeregt durch den Erfolg der Tafeln, die Idee einer großzügig alimentierten Initiative, die Vereinen und Projekten sicher auf die Füße hilft. Das war der Beginn von StartSocial. So gesehen ist Sabine Werth jetzt schon die Matrone, der die jungen Kusinen folgen. Und ein Beleg für die These, dass nicht jeder, der etwas Neues starten will, auch immer alles neu erfinden muss.

Klar ist, dass Sabine Werth der Nukleus der ganzen Tafel-Bewegung ist – eine zentrale Person, die die Fäden in der Hand hält. »Ich trage aber keinen Heiligenschein«, antwortet sie, wenn man ihr durchschlagenden Erfolg attestiert. Wer in dieser Größenordnung hantiert, zieht auch Kritik auf sich. Inzwischen mehren sich die Stimmen, die ihr Tun hinterfragen.

Lebensmitteltafeln waren in Deutschland nie unumstritten, aber die Intensität der Kritik ist neu. Die über 860 Tafeln erleichterten es dem Sozialstaat, sich zurückzuziehen. Und verhinderten eine Revolte derer, die dort satt würden. Erledigt sie den Job der Politik? Sabine Werth antwortet höflich, aber hart in der Sache. »In jeder Talkshow spreche ich über die Versäumnisse der Politik, stehe aber morgens wieder auf und kümmere mich um die Bedürftigen.« Ihr Credo: Pragmatische Hilfe und politischer Druck schließen sich nicht aus. Beides ergänzt sich. Eines braucht das andere.

»Bei allem Respekt für politische Lösungen«, sagt sie, »die Armut wird nicht morgen verschwinden.« Nichts tun und auf die Politik warten – so laute die Argumentation ihrer Gegner zu Ende gedacht – liege ihr nicht. »Dusselig« nennt sie das im Berliner Jargon. Vielleicht würden die Kritiker nur verkennen, dass bürgerschaftliches Engagement für Ärmere durchaus eine politische Kehrseite habe. Die Helfer hätten den gesellschaftlichen Missstand erkannt und drängten auf eine Lösung. Sie wollten das Leid anderer mindern. Nur läge es halt nicht jedem, auf der Straße zu stehen und in ein Megafon zu brüllen. Egal ob politisches oder soziales Engagement – beides ist altruistisch und dient dem Gemeinwohl. Beides gegeneinander auszuspielen macht keinen Sinn.

Es ist ein öffentlicher Kampf, wie politisch das soziale Engagement der Tafeln ist. Und welche politischen Forderungen sie stellen. Sabine Werth redet sich gelegentlich fast um Kopf und Kragen. Etwa, als sie in der Talkshow von Anne Will saß und gefragt wurde, ob das Arbeitslosengeld II erhöht werden sollte. Energisch schüttelte sie den Kopf und sagte Nein, schlug stattdessen Gratisschulessen, kostenlose Bibliotheken und Schwimmbäder vor. Der Aufschrei nach dem Nein war so laut, dass ihre Erklärungen nicht mehr gehört wurden. »Ich wäre gerne diplomatischer«, sagt sie heute.

Wie viel Inspiration Sabine Werth für andere bietet, offenbart an diesem Tag noch der Start der Kulturloge Berlin (www.kulturloge-berlin.de). Das Projekt ermöglicht Menschen mit wenig Geld einen Abend im Theater oder Kino. Die Karten dafür gibt es von Kulturveranstaltern, die sie vorher nicht verkaufen konnten, geschenkt. Die Leute der Kulturloge besuchten die Berliner Tafel und warben dort für ihr Angebot. Beim Testlauf glaubten etliche Bedürftige erst mal an einen Scherz. In die Philharmonie für lau? Teilhabe an Kultur für alle sei eine richtig gute Idee, sagt Sabine Werth. Die Kulturloge und die Tafel seien im selben Geschäft.

Richtig. Beide betreiben Resteverwertung mit Mehrwert für Menschen und Gesellschaft.

Merke

Sozialprojekte sind nicht reine Mildtätigkeit, sie haben durchaus eine politische Kehrseite, die sich auch betonen lässt. Politisches und soziales Engagement sollten nicht gegeneinander ausgespielt werden, beides ist altruistisch und dient dem Gemeinwohl. Speziell zur Tafel: Wer sich engagieren will, braucht nicht gleich eine eigene Tafel zu gründen, sondern kann auch eine Ausgabestelle einer der über 800 bestehenden Tafeln werden. Oder als ehrenamtlicher Helfer einspringen. Egal ob man in Rente gegangen ist, sich neu orientieren will oder etwas sucht, wo schon Struktur vorgegeben ist, jeder kann mitmachen. Lob ist gewiss, die Tafeln sind hoch anerkannt. Eine Ausbildung, selbst lange Bindung ist nicht nötig. Jeder kann ein- und aussteigen, wann er will. Die Einstiegsschwelle für das Engagement ist also sehr niedrig. Trotzdem nimmt die Arbeit bei der Tafel offenbar niemand auf die leichte Schulter, berichtet Sabine Werth. Es gibt regelmäßige Infoabende für Interessierte. Für einen ersten Blick lohnt die Webseite der Tafel und des Bundesverbandes, die auflistet, was jeder Einzelne neben Kisten packen, Gemüse schnippeln oder Hausaufgabenhilfe im Kinderrestaurant tun kann, um die Idee zu unterstützen.

Auf www.berliner-tafel.de und www.tafel.de findet man Informationen, wie man eine Tafel gründet, wie man helfen kann und was man sonst noch tun kann, um die Tafeln zu unterstützen.

Preise für Sozialhelden – Wer etwas verändern will, braucht keine Superkräfte

Am 5. Dezember 2009, dem internationalen Tag des Ehrenamts, wurde erstmalig der Deutsche Engagementpreis in Berlin verliehen. Mehr als 2200 Personen und Projekte waren nominiert. Eine elfköpfige Jury kürte die Preisträger in vier Kategorien. Obendrein konnten die Bürger online über einen Publikumspreis abstimmen. 38 000 Stimmen wurden insgesamt für 20 Shortlist-Projekte abgegeben. Der Preis wird von nun an jährlich vergeben.

Geehrt wurde Katja Urbatsch, deren Initiative Arbeiterkind.de sich um Schulabgänger aus nichtakademischen Familien kümmert. Sie studieren weitaus seltener, weil ihnen Informationen fehlen. Auf dem Internetportal und im Gespräch mit 1200 Mentoren bekommen Jugendliche Informationen zu Fragen rund um das Studium. Günter Bechtold bekam einen Preis für sein Projekt »Fußball baut Brücken«, bei dem jugendliche Kicker mit behinderten

Schülern trainieren. Die »Grünen Damen und Herren« der Evangelischen Krankenhaus-Hilfe wiederum erhielten eine Auszeichnung, weil sie ältere, kranke und behinderte Menschen besuchen. Die Bürgerkommune Nürtingen organisiert Projekte bei ihnen in der Stadt. Dafür gibt es ausgebildete Bürgermentoren und Beweger – ein schönes Beispiel für »community organizing« nach amerikanischem Vorbild.

Das Rennen um den Publikumspreis machten die »Sozialhelden«, die junge Leute für gesellschaftliche Schieflagen sensibilisieren. Raul Krauthausen fasste den Gedanken der Sozialhelden zusammen: »Wir glauben: Wer etwas verändern will, braucht keinen roten Umhang und auch keine Superkräfte. Engagement, Überzeugung und Mut reichen voll und ganz.«

Mehr unter: www.geben-gibt.de

One2One – Hilfe für Uwe

Worum geht es?

Es passiert in der Hamburger Fußgängerzone. Ein Obdachloser spricht Ole Seidenberg an, bittet um Geld fürs Nachtasyl, 13 Euro. Es sei sein fünfzigster Geburtstag. Seidenberg bleibt stehen, lädt Uwe Schneider zum Kaffee ein und hört sich dessen Geschichte an. Und so entsteht die »Aktion Uwe«. Seidenberg erzählt die Obdachlosenlaufbahn in seinem Blog www.socialblogger.de und fordert zu Spenden auf. Inzwischen begleitet er Schneiders Weg aus der Obdachlosigkeit schon über ein Jahr lang, bloggt die Höhepunkte (Schneiders erste Wohnung), aber auch die vielen Tiefs (Schneider erscheint schon wieder nicht zu einer Verabredung). Das alles sehr persönlich, einfühlend und ohne zu beschönigen.

Was hat es gebracht?

Zuerst einmal Cash für Uwe: Mehr als 4000 Euro hat Ole Seidenberg allein im ersten halben Jahr für Uwe gesammelt, plus gebrauchte Möbel für die erste Wohnung. Die Körber-Stiftung spendete außerdem 10 000 Euro Startkapital, damit Schneider seinen Traum von einem Nachtcafé für Obdachlose verwirklichen kann. Eine kleine

Webcommunity fiebert mit – nicht voyeuristisch, sondern weil ihr Uwe am Herzen liegt.

Wie geht es?

Mit einer Spende einem anderen Menschen aus der Klemme zu helfen ist einfach. Die sozialen Plattformen www.helpedia.de oder www.betterplace.org bringen Ideen und Geld zusammen, in Deutschland, aber auch weltweit. Nachbarn und Freunde bewahrten etwa mit Hilfe von Betterplace einen kleinen Blumenladen in Berlin vor der Schließung, indem sie 6000 Euro über das Portal einsammelten.

Bildung für Flüchtlinge

Worum ging es?

Schaut Michael Stenger auf seinen Lebenslauf, dann sagt er: »Irgendwann musste wohl eine Schulgründung kommen.« Der Münchner hat als Deutschlehrer gearbeitet und war jahrelang für die Flüchtlingsorganisation Pro Asyl tätig. »An den Schulen war mir zu wenig Engagement«, sagt er, »und in der Asylarbeit habe ich mich für unsere Gesellschaft geschämt.« Also gründete er die SchlaU-Schule: Schulanaloger Unterricht für unbegleitete minderjährige Flüchtlinge. Jeden Tag lernen 160 Schüler nicht nur auf ein Ziel hin – den Hauptschulabschluss. Jeden Tag werden hier auch Seelen geheilt. Denn jeder Jugendliche hat eine Odyssee hinter sich und stammt aus einem Bürgerkriegsgebiet. Mancher Teenager hat sich ganz allein nach Deutschland durchgeschlagen. Hier angekommen, sind viele über 16 Jahre alt – zu alt, als dass eine deutsche Schule sie noch aufnehmen würde. »Wir wollen nicht nur, dass sie den Schulabschluss schaffen, sondern sie auch zu eigenständigem Denken motivieren – damit sie fähig werden, selbst zu protestieren«, sagt Stenger.

Was hat es gebracht?

Jeder Zeugnistag im Sommer bestätigt Stenger. 2009 schafften alle Schüler den Abschluss. Mehr als 90 Prozent SchlaU-Schüler finden sogar eine Lehrstelle. Die ersten Münchner Hauptschulen haben sich schon Stengers Idee von der intensiven Schülerbetreuung durch ehemalige Berufsschullehrer abgeschaut.

Wie geht es?

Ihnen liegt das Thema Bildung am Herzen, aber eine Schulgründung ist Ihnen – wenig überraschend – eine Nummer zu groß? Man kann auch kleiner anfangen: Flüchtlingsorganisationen suchen Deutschlehrer, Kindergärten freuen sich über Vorleser. Die Bundesregierung organisiert außerdem das Projekt Bildungspate. Hier unterstützen Ehrenamtliche ausländische Kinder und Jugendliche, helfen ihnen bei den Hausaufgaben oder bei der Suche nach einem Ausbildungsplatz (www.aktion-zusammen-wachsen.de).

»Samstag 15.30 – auf Fernsehgelder scheiß ich.«
Chor Hamburger Fußballfans

»Bitte beim Einlaufen der Mannschaften hochhalten.«
Rückseite eines Protestplakats

»Für Geld kann man vieles kaufen, treue Fans nicht.«
Philipp Markhardt

Kapitel 6

Fußballfans – Das Echo von der Tribüne

Philipp Markhardt sitzt lieber in der Fankurve als in der VIP-Lounge mit Kaviar und Sekt. Als Sprachrohr der HSV-Fans organisierte er den Protest gegen die Verlegung der Spielzeiten weg vom traditionellen Samstagnachmittag.

Philipp Markhardt trägt einen schwarzen Kapuzenpullover mit einem Bild von Kapitän Haddock. Der Seemann aus dem Comic »Tim und Struppi« ist nicht nur ein treuer Gefährte und Mannschaftsspieler, sondern vom Alter her auch schon »Ü-25«, wie Markhardt selbstironisch sagt. Soll heißen er trägt Bart, darf schon trinken und beherrscht die Kunst des Fluchens. »Hunderttausend heulende und jaulende Höllenhunde«, so schön schimpfen kann Fußballfan Markhardt auch. Und wenn er ruppig ist, dann geht es ihm um Fußball, der weniger vom Kommerz durchdrungen ist. Fans wie Markhardt mögen einfach nicht, dass ihr Sport vom Geld regiert wird. »Wir stecken in die Vereine mehr Herzblut als sämtliche Sponsoren an verdammter Kohle«, sagt Markhardt, Sprecher von »Pro Fans«, die die Rechte der Anhänger vertreten. Dank ihnen lässt sich der Fußball prächtig verkaufen. Und deshalb wollen sie ein gehöriges Stück mitreden. Positiv gewendet strecken sie den Verantwortlichen eine Hand hin.

Nebenfiguren – wie Haddock im Comic – sind die Fans nicht mehr, seit sie einmal mit Pauken und Trompeten den Aufstand gegen den Fußball-Kapitalismus geprobt haben.

Nie zuvor und nie danach stand eine Bundesligasaison derart im Zeichen der Fans und ihrer Proteste wie 2000/2001. Und es ging ums Eingemachte, denn die Fans wollten ein Ende des grenzenlosen Laissez-faire für Fernsehen und Vereine. Die wollten nämlich wegen neuer Verträge und mehr TV-Geldern die Spieltage zerpflücken – ohne Gespür für die Stimmung der Fans. Statt am Hauptkampftag Samstag sollten die Spiele nun an vier Tagen angepfiffen werden, nämlich Freitag, Samstag, Sonntag und sogar Montag (2. Liga). Die defizitären Bezahlsender hofften so auf mehr Zuschauer vorm Fernseher. Für die Stadiongänger dagegen, die zu Auswärtsspielen reisen wollten, hieß es plötzlich Urlaub zu nehmen.

»Mich interessiert als Fan vor allem, wie ich zu den Spielen meiner Mannschaft hin- und wieder wegkomme«, erklärt Philipp Markhardt seine Gemütslage. Und das wurde jetzt schwierig. Wenn die Hamburger am Sonntag nach München mussten, um Bayern gegen den HSV – also das Nord-Süd-Duell schlechthin – zu sehen, hieß das im Zweifel über Nacht mit dem Bus zurück und direkt zur Arbeit oder eben einen Urlaubstag. »Die Vereine gaben uns das Gefühl, dass die Einnahmen für unsere Eintrittskarten im Vergleich zu den Fernsehrechten nur noch Peanuts waren – und wir also nichts wert.«

Die Fans drohten zu Hause zu bleiben. Doch weniger Fans heißt weniger Stimmung. Die tollste Fernsehüber-

Philipp Markhardt, Sprachrohr der HSV-Fans

tragung, so Markhardt, macht aus einem leeren Stadion keinen Spaß. Da könne man auch gleich eine Übertragung aus dem Trainingslager zeigen. Fest stand: Die Sender brauchten das Echo auf den Tribünen, sonst langweilten sich auch die Leute vor den Decodern. Trotzdem scherte sich niemand um die Interessen der Fans.

Als obendrein auch noch die Spielansetzungen immer kurzfristiger festgelegt und dann auch noch verschoben wurden, explodierte der Zorn von Markhardt und Freunden. Die Vereine sahen sich genötigt zu kontern. »Ihr wollt doch Spitzenstars und große Spiele sehen«, argumentierte Liga-Präsident Werner Hackmann. Da gelte es eben Rücksicht zu nehmen auf die Wünsche der Fernsehverwerter, die das finanzierten. »Das mag für den einen oder anderen richtig sein«, räumt Markhardt ein, aber er stünde zu seinem Verein, egal wie er spiele.

Mehr noch: »Wenn ich Fan des Erfolgs wäre, wäre ich Bayern-Fan«, sagt Philipp Markhardt nüchtern. Einen erfolgreichen HSV habe er nie erlebt. Dafür aber Zusammenhalt in der Kurve. Im Alter von elf Jahren nahm ihn sein Vater das erste Mal mit ins Volksparkstadion. Der HSV verlor, doch trotzdem überwältigen den Steppke die Eindrücke rund um das Spiel: der Einmarsch der Spieler, die Chaoten aus der Westkurve, die Raute und die Farben. Als er 13 wurde, finanzierten seine Eltern eine Dauerkarte, drei Jahre später fuhr er erstmals zu einem Auswärtsspiel nach Gelsenkirchen zu Schalke. Von da an litt und feierte er mit seinem Verein und zog mit ihm regelmäßig durch die Republik. Und er wurde Mitglied im »Supporters Club«, einer eingeschworenen Gemeinschaft von schrägen Typen, die sich im Gästeblock wie Halbaffen benahmen. So beschreibt Markhardt selbst die Anhänger des Nordclubs auf der Nachrichtenplattform *Spiegel Online*. Immer tiefer taucht er in die schwarz-weiß-blaue Welt ein. Er organisiert Singen, Jubeln, Aufstehen der Fans, sogenannte Choreografien, und schreibt für das Fanzine des Vereins. Und er wird Mitglied der Ultra-Gruppe des HSV, den »Chosen Few«, die Fans, die mit ihrem Verein durch dick und dünn gehen und eigentlich zu allen Spielen fahren.

Man kann sicher sagen, dass Markhardt sich warmgelaufen hat für das, was kommt. Und dass er keine Ein-Mann-Büffelherde ist, sondern ein Mannschaftskämpfer. Und absolut keiner, der immer zu allem Nein sagt. Zumindest hat er im Zweifel eine gute Alternative parat. Man kann jemandem seine Hand hinstrecken und ihn gleichzeitig für seine Politik kritisieren, meint Markhardt. Sicher ein vernünftiger Rat für alle Aktionisten.

Als es im Internet zu rumoren beginnt, gehört er zum harten Kern der Streiter. »Der Anstoß kam aus dem Stadionwelt-Diskussionsforum, einer Internetplattform für Fußballfans«, sagt Markhardt. Die Fans beschließen: »Uns reicht es.« Aus den Aufrufen entsteht im Januar 2001 die Webseite Pro15.30, mit deren Hilfe seit dem 20. Spieltag bundesweit Proteste organisiert werden.

Die Truppe – und das ist entscheidend für ihr ganzes Auftreten – verhält sich konstruktiv. Im Vorfeld werden Ziele formuliert: Grundsätzlich wollen die Fans erreichen, dass Abend- und Sonntagstermine nicht mit Spielen belegt werden, die eine Anreise von mehr als 300 Kilometern erfordern. Alles was näher dran ist, darf stattfinden.

Ein gut begründetes Anliegen und ein Ziel, das zu erreichen ist.

Es gibt Logos der »Bewegung« zum Herunterladen. Was die Anhänger konkret damit anfangen, bleibt ihnen überlassen. Ob sie sich T-Shirts drucken oder Flugblätter verteilen, es gilt sichtbar zu sein. Laufend werden Bilder der Aktionen im Internet veröffentlicht. »Schalke und Bayer 04 – wollen wir samstags um halb vier«, schallt es dazu aus den Fußballstadien. In Hamburg tönt es: »Samstag 15.30 – auf Fernsehgelder scheiß ich«, selbst Bibelzitate wie »Am siebten Tage sollst du ruh'n« werden mit Blick auf Spielansetzungen am Sonntag bemüht. Fans von 1860 München drehen sich in den ersten Minuten der zweiten Halbzeit um und verharren schweigend mit dem Rücken zum Spielfeld, Markhardt & Co. malen Countdown-Spruchbänder, auf denen sie die Tage bis zum konzertierten Protesttag Ende März herunterzählen. An diesem 27. Spieltag werden alle Aktionen gebündelt, jeder Fan zieht mit einer Protesttafel ins Stadion, auf der »Pro 15.30« zu lesen ist. Hinten stand eine glasklare Anweisung drauf, lacht Philipp Markhardt: »Bitte zum Einlaufen der Mannschaften hochhalten!« Das habe gut geklappt.

Das Konzept geht auf. Die vereinsübergreifende Initiative und der Zusammenschluss »von unten« werden ernst genommen. Führende Köpfe der Politik und Fußballgötter wie Karl-Heinz Rummenigge oder Nationaltrainer Rudi Völler beschäftigen sich mit Pro 15.30. Bundespräsident Johannes Rau äußert sich im Fußballmagazin *Kicker*: »Die Bundesliga ist für mich das Herz des Fußballs. Sie lebt von den Besuchern im Stadion. Sie lebt von den Ereignissen, nicht der Wiedergabe der Ereignisse. Die Stimmung im Stadion ist durch nichts zu ersetzen.« Karl-Heinz Rummenigge vom FC Bayern meint: »Wir alle haben in den letzten Jahren zu sehr ans Geld gedacht.« Uli Hoeneß, Manager beim FC Bayern, betont: »Der Fan im Stadion ist für mich das Wichtigste. Wenn sich herausstellt, dass durch die Samstagabend- und Sonntagsspiele weniger Zuschauer ins Stadion kommen, muss das zurückgeschraubt werden, auch wenn der Sender den Vereinen wichtiges Geld gibt.« Rudi Völler erkennt: »Wir müssen diesen Protest sehr ernst nehmen. Die Fans sind die Kunden. Ohne sie geht nichts.«

Der anfangs übermächtig scheinende Gegner wackelt. Man trifft sich zu einem runden Tisch und verhandelt über einen akzeptablen Kompromiss. Die 300-Kilometer-Regelung soll umgesetzt werden.

So was verändert das Selbstbewusstsein, analysiert Markhardt. »Wir wurden nicht mehr als singender Pöbel gesehen, der zu viel Bier trinkt, sondern als kluge Gruppe, die ihre Forderungen kreativ und witzig durchgesetzt hatte.« Sicher kam den Fans zugute, dass sie für etwas waren und nicht nur gegen etwas. Das ist übrigens der Rat für alle, den Markhardt mitgibt: Seid konstruktiv.

Zweifellos waren die Fans nach diesen Protesten besser vernetzt, und es gab einen engen Kontakt. Das war die Initialzündung für mehr. Man traf sich das erste Mal in natura und gründete »Pro Fans«, um mit den Vereinen über Fanrechte zu verhandeln. Etwa wie lange Stadionverbote erteilt werden können oder welche Freiräume die Fans beim Abbrennen von Pyrotechnik oder Hängen von

Bannern haben sollten. »Wir wollen selber entscheiden, was wir mit ins Stadion nehmen«, sagt Markhardt. Verabredet wurde eine Fan-Demo gegen Kommerz und Repression der Fankultur.

Diese Demo 2002, die im Rahmen des Pokalendspiels von Schalke 04 gegen Leverkusen in Berlin stattfand, war die erste dieser Art europaweit. Lautstark, aber friedlich, zogen 2500 Fans durch Berlin-Mitte. »Erscheinen in Trikot war erwünscht«, erinnert sich Markhardt. Er ist noch heute zuständig für Fanrechte in seiner Ultra-Gruppe. »Wir sind logistisch besser geworden«, sagt er. Trotzdem steckt er noch Hunderte, vielleicht Tausende Arbeitsstunden rein, bevor eine Choreografie für ein Heimspiel mit Singen, Jubeln, Aufstehen, Spruchbändern und so weiter fertig organisiert ist.

Markhardt & Co. wollen bis heute nicht Teil der Marketingmaschinerie der Vereine sein. »Wir wollen nicht nur an allen Ecken und Enden gemolken werden und von übertriebenen Sicherheitsbestimmungen gegängelt.« Der 30-Jährige hört sich an wie Sir Zorn, wenn er das sagt. Oder eben wie Kapitän Haddock, treuer Freund von Tim und einer, der Tacheles redet.

Merke

Gehört nicht zum »Njet-Set«! Das ewige Nein ist uninteressant. Sagt auch Ja zu etwas und seid konstruktiv. So bekommt der Protest sofort einen neuen Ton.

Speziell für Fußballfans: Wer seine Botschaft lesen möchte, muss nicht alles selber malen. Fähnchen, Luftballons oder Ähnliches lassen sich fertig bedruckt im Versandhandel bestellen, auch Spruchbandstoff ist dort zu haben (www.supporters-art.de).

Mehr zum Thema

Fangruppen unter: www.profans.de, www.stadionwelt.de., www.aktive-fans.de, www.unserekurve.de.

Pyrotechnik bringt Farbe ins Spiel – Fans spucken Feuer

Seit Januar 2010 treten unter dem Motto »Pyrotechnik ist kein Verbrechen« erstmals nahezu alle Fanclubs Österreichs gemeinsam gegen das neue Pyrogesetz an. Selten hat man die verfeindeten Fans von Rapid und Austria

Wien in solcher Eintracht erlebt. Grund ist ein neues Gesetz, das Pyrotechnik komplett aus den Stadien verbannt. Freiheitsstrafen von bis zu vier Wochen und Geldstrafen bis zu 4000 Euro sollen die Fans vom Zündeln abhalten. Bereits zuvor war das Abbrennen von Bengalischem Feuer oder Rauchtöpfen in österreichischen Stadien gesetzlich verboten, wurde aber geduldet. Denn Pyrotechnik brachte Farbe ins Spiel und war Ausdruck ausgelassener Stimmung. Außerdem standen Wasser- oder Sandtöpfe bereit, um die Brennstoffe sicher zu löschen. Böller und Knallkörper lehnten auch die Fans ab.

Das strikte und generelle Verbot – so argumentieren die Fans – mache die Sache nur gefährlicher, da die Feuerspeier jetzt hereingeschmuggelt würden. Beleg für ihre These sind Vorfälle in Deutschland, wo beim Bundesligaspiel Bochum gegen Nürnberg Besucher durch Feuerwerk verletzt wurden. Bei dem verwendeten Material handelte es sich um Magnesiumpulver, das im Unterschied zu bengalischen Feuern leichter durch Kontrollen zu schmuggeln ist. Magnesiumpulver ist äußerst schwer zu löschen. Die gefährliche Substanz ist zwar nicht gang und gäbe, so ein Vorfall hätte sich womöglich aber nicht ereignet, wenn die Vereine einen vorsichtigen Umgang mit Pyrotechnik zulassen würden, meinen Vertreter des österreichischen Aktionsbündnisses. Die deutsche Fanszene unterstützt ihre Nachbarn. Selbst Spieler wie der Kölner Lukas Podolski geben zu Protokoll, dass sie gegen ein Aus für Pyrotechnik sind.

Die Österreicher halten jetzt in den Stadien Spruchbänder hoch. Darauf prangt der Spruch: »Wir scheißen auf euer Geschwätz zum Pyrogesetz.« Die Fronten sind verhärtet: Der Chef der österreichischen Bundesliga hat die Medien aufgefordert, nicht über die Proteste zu berichten. Fest steht: Die Fans fühlen sich zunehmend überwacht, wenn sie im Stadion feiern. Der Volkssport Fußball, sagt einer, habe immer von den Emotionen seiner Fans gelebt und nicht von Musik vom Band. Deshalb spuckten die Fans jetzt tatsächlich Feuer – mit Worten.

Kultur für alle

Worum ging es?

Bis Ende der 90er Jahre war er ein erfolgreicher Musikunternehmer, brachte lateinamerikanische Musik in deutsche Jazzkeller. Doch dann mussten Götz Wörner und sein Label Konkurs anmelden. Wörner lebte plötzlich von Sozialhilfe, verlor die Wohnung. Er lernte eine völlig andere Welt kennen, ohne Musik, ohne Kultur. »Kein verarmter Mensch kann sich Konzerte, Theater, Oper oder Kino leisten«, klagt er. Um das zu ändern, gründete er in Frankfurt den Verein »Kultur für Alle« (www.kulturpass.net). Wer von Hartz IV, Asylhilfe oder BAföG lebt oder obdachlos ist, erhält in Frankfurt für nur einen Euro den

Kulturpass. Er ermöglicht den Eintritt ins Konzert, die Kunsthalle oder ins Theater für ebenfalls nur einen Euro. Kinder zahlen die Hälfte.

Was hat es gebracht?

Rund 3000 Frankfurter können dank Wörner inzwischen wieder am kulturellen Leben der Stadt teilnehmen. 150 Veranstalter, darunter die renommierte Kunsthalle Schirn und nach langem Zögern auch die Städtischen Bühnen und Museen, geben Billigtickets aus. Die Idee überzeugte selbst die Bundeskanzlerin, die Wörners Initiative im Frühjahr 2010 auszeichnete. Der Unternehmer will den Kulturpass jetzt bundesweit etablieren. In einigen Städten gibt es bereits erste Angebote, etwa die Kulturloge in Berlin.

Wie geht es?

Ihnen liegt soziale Gerechtigkeit am Herzen, aber eine Vereinsgründung ist doch vielleicht eine Nummer zu groß? Dann spenden Sie Zeit. Menschen, die eine helfende Hand benötigen, gibt es zuhauf. Ideen bieten die Freiwilligenbörsen: http://www.das-buergernetz.de/zeitspendenportale.php. Einfach Postleitzahl eingeben und stöbern.

»Ich habe mir sagen lassen, alles ist ganz einfach.«
60-jährige Hanseatin beim Vortrag von Richard Reynolds

»Ich verlasse euch mit einer Vision.«
Richard Reynolds

Kapitel 7

Guerilla-Gärtnern – Zu den Waffen! Greift zum Spaten!

Richard Reynolds ist ein Pflanz-Partisan. Sein Widerstand gilt der Verwahrlosung und Verödung des öffentlichen Raumes. Das Guerilla Gardening hat eine lange Tradition. Doch erst der Londoner Reynolds hat daraus eine wahre Welle gemacht.

Gärtner, so heißt es, erkenne man daran, dass ihr Hinterteil aus einem Beet herausrage, wenn man sie besuche. »Ich komme gleich«, rufen sie dann, »ich pflanze nur das hier noch ein.« Richard Reynolds setzt einen Schritt früher an. Denn der smarte Londoner hat keinen eigenen Garten, sondern gärtnert auf fremdem Land. Mit Kennerblick prüft er vernachlässigte Seitenstreifen, Brachflächen und Bürgersteige, sucht geeignete Orte, die sich mit Pflanzen verschönern lassen. Und übernimmt so Verantwortung für den städtischen Raum. Sich darauf zu verlassen, dass die Obrigkeit diese Flächen in Ordnung hält, liegt ihm nicht.

Wer ihn also nachmittags zwei Stunden in einer wildfremden Stadt alleine lässt, bekommt am Abend Fotos von isolierten, trockenen und schattigen Plätzen serviert, die auf eine einfache, aber effektive Landnahme warten – das Guerilla Gardening. Das Gärtnern auf fremdem Land ohne Genehmigung ist illegal – und findet deshalb vor allem nach Einbruch der Dämmerung statt. Dennoch liegt diese Aktionsform so sehr im Trend, dass sich sogar das Establishment solidarisiert. So spricht Reynolds in Hamburg vor adretten Hanseatinnen nicht unter 66 Jahren, die sich in der sehr gediegenen »Gesellschaft zur Förderung der Gartenkultur« organisiert haben – angeführt von der Ehefrau eines ehemaligen Umweltsenators.

Der jungenhafte Reynolds lockt diese spezielle Generation von Nachwuchskämpferinnen mit einem Vorbild aus seiner Familie – und einer gewaltigen Dosis britischen Humors. Die älteste Guerilla-Gärtnerin Englands sei seine 93-jährige Großmutter aus Totnes, erklärt er todernst. Sie habe mit Guerilla Litter Picking – faktisch Müllsammeln – angefangen, sei inzwischen aber nachts mit Forke und Gießkanne unterwegs. Ein Video ihrer Aktionen sei auf YouTube zu sehen. Die höchst amüsant verpackte Botschaft ist klar: Egal, wie alt (und spießig) du bist, du kannst dich für eine bessere Welt einsetzen. Der Hauch Illegalität verleiht dem Ganzen dann besonderen Reiz.

Bei den gestandenen Gärtnerinnen, die immer ein paar überzählige Pflanzen haben, kommt das an. Sie sind keine jungen Wilden, aber wer sagt eigentlich, dass Politik immer bedeutet, mit dem Lautsprecher irgendwo zu stehen? Ihr Ringen um nachhaltige Veränderung beginnt eben mit einer einsamen, aber auffälligen Sonnenblume auf einer Baumscheibe. Am Ende der Veranstaltung erhebt sich eine Dame und bedankt sich bei Richard für die realistischen Einschätzungen – sie lege jetzt los und reanimiere das Grün in der Stadt. Wenn es vorher irgendeinen Zweifel gab, dass Reynolds Mut und Fröhlichkeit ansteckend sind, dann ist er jetzt ausgeräumt.

Aktivist Richard Reynolds kalkuliert diese Auftritte genau, was seine Sache enorm voranbringt. Um wirklich viele Menschen zu gewinnen, sich die Hände schmutzig zu machen, muss er neue Zielgruppen erobern. Gerne gartenversessene Grannies, die hinter Naturstein hausen, nachmittags Kuchen backen oder im Chor singen. Denen kommt er halt mit dem revolutionären Geist seiner Großmutter. »Ich bin ehrgeiziger geworden«, sagt Reynolds. Anfangs sei er eher für junge Städter interessant gewesen – ohne Garten, ohne Kinder –, deren emotionale Bedürfnisse er gut verstand. »Sie waren so ungeduldig wie ich selbst – wollten nicht auf Wartelisten für Schrebergärten stehen, sondern sofort mit dem Spaten losziehen.« Inzwischen ist seine Bewegung gewachsen und weit weniger einheitlich als am Anfang. Die Gärtner heute seien wie Salbei, vergleicht Reynolds, von dem gebe es 900 Unterarten. Trotzdem bleibt sein eindringlicher Rat an Aktionisten jeder Couleur: Verzettelt euch nicht, sondern startet schmal und erweitert dann euren Aktionsradius und den Kreis eurer Verbündeten.

Reynolds begann im Oktober 2004 ganz allein – und direkt vor seiner Haustür. »Verwurzelt euch zunächst in eurer Nachbarschaft«, das predigt er noch heute. Nicht größer als ein Handtuch war das deprimierend leere und ausgetrocknete Stück Erde vor seinem Siebzigerjahrehochhaus, das er aus einer spontanen Idee heraus um zwei Uhr nachts mit Alpenveilchen, Lavendel und hohen Keulenlilien bepflanzte. Er schoss Fotos und wartete auf eine Reaktion. Als er hörte, dass die Nachbarn mutmaßten, der Bezirk habe endlich jemanden vorbeigeschickt, beschloss er sich zu outen.

Ohne Budget und mit wenig Aufwand begann er zu bloggen und verbreitete vor allem ein optisch opulentes Reynold'sches Fototagebuch der Veränderung des Hochhaus-Grüns. Offenbar hatte er einen Nerv getroffen. Bald tauschten sich auf seiner Seite altgediente und neue Guerilleros über ihre Pläne, Projekte und Erfolge aus. Heute sind fast 19 000 Guerilleros aus rund 40 Ländern auf seiner Webseite registriert.

Ist das alles? Mehr als Pflanzen und Bloggen brauchte es nicht, um Guerilla Gardening zu einer angesagten Freizeitbeschäftigung zu machen? Es war sicherlich eine glückliche Fügung, dass die Medien aufsprangen, räumt Reynolds ein. BBC & Co. machten den studierten Geografen mit Diplom der »Royal Horticultural Society« zum einflussreichsten Guerilla-Gärtner der Britischen Inseln. 2009 ist sein auf Deutsch übersetztes Buch erschienen, das vor Enthusiasmus und Lebensfreude strotzt. Vor allem aber kombiniert es gärtnerisches Know-how mit einem Schuss Anarchie.

Es sei eben dieser Kontrast zwischen dem traditionellen Image des Gärtnerns und dem Quäntchen Revolution, den er gezielt kreiert, sagt Reynolds. Man merkt, dass er aus der Werbung kommt und weiß, wie man einen Ruf aufbaut. Dass der 32-Jährige zudem noch ausgesprochen fotogen ist mit seinen wilden schwarzen Locken und den feinen Zügen, hat den Erfolg sicher beflügelt. »Man darf nicht schüchtern sein«, erklärt Reynolds. Er habe ein spezielles Training gehabt, da sein Vater Vikar sei. »Jeden Sonntag habe ich ihn vor großem Publikum predigen hö-

Der Pflanz-Partisan Richard Reynolds

ren. Ich sah ihn und dachte, das kann ich auch.« Dieses Maß an Selbstironie macht den Londoner noch sympathischer.

Reynolds hat diese Form des Gärtnerns zwar zum Breitensport gemacht, aber nie behauptet, sie erfunden zu haben. »Ich habe schnell erkannt, dass ich Teil von etwas Größerem bin«, sagt er. Tatsächlich reichen die Wurzeln des Guerilla Gardening von den britischen Saatgutbrigaden des 17. Jahrhunderts über die Nachbarschaftsgärten im New York der siebziger Jahre bis zu Moosgraffitis in der Gegenwart. Im Zweifel ging es bei der illegalen Kultivierung von Land immer um mehr, als Alltagstristesse mit Blühendem zu beseitigen. Landlose Mexikaner besetzten aus der Not heraus Ackerland, weil sie hungerten, die kollektiven Blumen- und Gemüsebeete in New York dienten als sozialer Kitt, die Pflanzaktionen direkt auf dem Parliament Square in London dem Protest gegen die Betonierung der Städte.

Richard Reynolds Triebfeder waren stets das Gärtnern und die Liebe zu Pflanzen. Für moderne Protestformen, bei denen Pflanzen lediglich Mittel zum Zweck sind und nach der spektakulären Performance im Müll landen, hegt er wenig Sympathie. »Ich sehe keinen Sinn darin, ein Loch in den Asphalt zu stemmen und mitten auf der Straße einen Baum zu pflanzen«, erklärt er. Richtig ist: Würde mit Tieren derart Schindluder getrieben, wäre der Aufschrei groß.

Reynolds ist deshalb nicht unpolitisch. Er unterstützt Greenpeace UK bei ihrem Widerstand gegen eine neue Landebahn in Heathrow. Und verwandelte Land, das planiert werden sollte, in ein Gartenparadies. »Die Anwohner haben versprochen, sich weiter darum zu kümmern«, sagt Reynolds. Es sei kein einmaliger Stunt, sondern eine lokale Aktion mit langem Atem.

Trotzdem kann es sein, dass diese Gärten verlorengehen. Wie der von Reynolds hochgelobte Gemeinschaftsgarten Rosa Rose in Berlin-Friedrichshain, der Appartementhäusern weichen musste. Das ist doppelt ärgerlich, weil diese Immobilien wie so viele in Berlin leer stehen. »Du musst den Verlust deines Gartens aushalten können«, sagt Reynolds. Gerade Berlin prophezeit er aber eine große Zukunft als Schauplatz für Guerilla Gardening, weil so viel Fläche noch brach liege. In Zeiten der Krise sei vor allem Gemüseanbau im Kommen. Neben Selbstversorgung geht es den Nachbarschaftsgärtnern aber darum, die Gemeinschaft im Viertel zu fördern. Und sie denken durchaus im großen Stil an mehrere Tausend Quadratmeter große Flächen. So wie die Macher des Prinzessinnengartens am Berliner Moritzplatz, ein viel frequentierter Gemeinschaftsgarten neueren Datums (siehe S. 139 f.).

Reynolds dagegen ist in Wahrheit ein Individualist, der nicht mit 150 Freiwilligen zusammen im Grünen wühlen mag. Er bevorzugt die kleinen Dimensionen, die einen ersten Flirt mit dem Gärtnern ermöglichen. Womöglich hat er deshalb so viele Menschen erreicht, die mit der Natur vorher nichts am Hut hatten.

Passend dazu hat er die Bürgersteige entdeckt: »Pimp my pavement« heißt seine neue Kampagne, mit der er Städter aufrufen will, den Bürgersteig vor ihrer Haustür mit Pflanzen zu verschönern – und so den öffentlichen Raum zurückzuerobern. Bleibt zu Hause und privat, ums Gemeinwohl kümmern wir uns, sei die Botschaft der Londoner Stadtväter, dagegen gelte es mit spontanen eigenen »Digs« anzugehen.

Und wie heroisch soll man dabei sein? Sollen die grünen Rebellen auch die Versiegelung aufbrechen und die Pflastersteine aus ihrer Verkrustung reißen? »Nun«, antwortet der Guru diabolisch, »wenn sie schon halb draußen sind, warum nicht?«

Die Konflikte mit renitenten Behörden und Autoritäten, die seine Wiesen umpflügten, haben ihn mutiger gemacht. Im Prinzip sucht Reynolds aber stets die Balance zwischen Aggression und Anpassung, was er allen Aktivisten empfiehlt. Als notorischer Querulant wird er nicht mehr abgestempelt. Im Gegenteil: Er ist eine Berühmtheit, die vom Bürgermeister jüngst zum »London Leader« gekürt wurde und nun quasi mit dem Schutz von oben ackert. Aus den Anfängen weiß er aber, wie leicht man diffamiert wird. »Lasst euch nicht zum Exzentriker machen«, rät er generell, »ihr seid Menschen, die Verantwortung für ihre Umgebung übernehmen.« Seine Stimme klingt kurzzeitig ernster. Dann bricht sich sein Humor wieder Bahn.

»Sicher, ich hätte meine neue Bürgersteigaktion auch ›Lebendige Straßen‹ nennen können«, erklärt Reynolds. Um eben noch hellwache Zuhörer in lustlose Gegenüber zu verwandeln. »Lebendige Straßen« klinge nämlich nach Begonien in Reih und Glied und nicht danach, etwas wahrlich aufzumotzen und sich richtig die Hände schmutzig zu machen. »Pimp my pavement« verspreche dagegen Hip-Hop. Dank dem knackigen Slogan und dem Sprachspiel wurde aus einem schütteren Pflänzchen schnell ein Dschungelgewächs: Auf Facebook hatte die Kampagne kurz nach dem Start im März 2010 über 800 Freunde, und die Stadtguerillas veröffentlichten Fotos spektakulär gestalteter Stellen. Graffiti quasi, nur mit Pflanzen statt Farbe. Der Spaß stand denjenigen, die dort zu sehen waren, ins Gesicht geschrieben. Reynolds kann mit seiner Bewegung wahrlich zufrieden sein.

Merke

Also, Compañeros: Greift zum Spaten! Widerstand gegen die Verwahrlosung von öffentlichem Raum kann richtig Spaß machen – und durchaus an der Grenze zur Performance sein.

Seid aber realistisch: Überlegt euch, welche Pflanzen praktisch ohne Pflege eine Überlebenschance haben, und denkt auch an nichtmenschliche Nutznießer wie Falter und Hummeln. Im Zweifelsfall bringt es mehr, Samen einheimischer Wildpflanzen in den Boden zu säen, als mal eben ein paar aufgepäppelte Sommerblumen aus dem Gartencenter zu verbuddeln. Werkelt zunächst in der unmittelbaren Nachbarschaft, da ist das regelmäßige Gießen einfacher. Sonst ist alles zu schnell dahin. Anders als in Großbritannien regnet es hierzulande deutlich weniger.

Selbstredend muss zunächst der Untergrund vorbereitet werden. Mancherorts ist er hart wie Zement. Grabt den Boden um und bessert ihn mit mitgebrachter Erde auf. Die Pflanzen kommen zuletzt. Rechnet nicht mit zu viel Unterstützung. Die kleinen Gruppen sind erfolgreicher als die großen.

Mehr zum Thema

Blog unter: www.guerillagardening.org, in Berlin: www.gruenewelle.org

Buch: *Guerilla Gardening. Ein botanisches Manifest.* Orange Press. 2009.

Aktuelle Kampagne: www.pimpyourpavement.org, dazu auch ein Demovideo auf Facebook.

YouTube-Spot mit Guerilla Gardening Granny aus Totnes: http://www.youtube.com/watch?v=xx9PwY5cyfY

Greenaid: Die einzigen Bomben, die Gärtnern ins Haus kommen, sind Samen-Bomben. Damit man an solche Begrünungskügelchen möglichst einfach kommt, haben die US-Künstler Daniel Phillips und Kim Karlsrud das Projekt Greenaid ins Leben gerufen und füllen ausrangierte Kaugummiautomaten mit »seed bombs« auf. Das gibt es bislang nur in Los Angeles. Jemand interessiert?

Für alle, die sich selbst die Hände schmutzig machen wollen, hier sechs Methoden, wie man die Samen-Bomben selber herstellen kann: www.guerillagardening.org/ggseedbombs.html.

Projekt Greenaid: http://thecommonstudio.com/index.php?/project/greenaid/

Ackern in der Stadt

Wo Brache war, soll Garten werden. So lautet der Leitspruch der Berliner Initiative »Nomadisch Grün«.

Die meisten Guerilla-Gärtner verschönern keine größeren Stadtbrachen, sondern bescheidene Baumscheiben oder vernachlässigte Pflanzkübel in ihrer Nachbarschaft. Ganz andere Ausmaße hat das Gärtnern am Moritzplatz in Berlin-Kreuzberg. Seit Sommer 2009 wird hier ein 6000 Quadratmeter großes Grundstück in einen ökologischen Nutzgarten verwandelt. Vormals war diese städtische Brache eine triste, vermüllte und planierte Fläche. Bis mit Robert Shaw und Marco Clausen zwei Nachbarschaftsaktivisten kamen, die dieses Areal ganz legal von der Stadt pachteten und ihre Vision des Innenstadtackers realisierten. »Mit den Guerilla-Gärtnern verbindet uns die Überzeugung, dass die Stadt ein begrünbarer Ort ist«, sagt Marco Clausen. Allerdings geht es den Machern des »Prinzessinnengartens« um mehr als Verschönerung. Das Areal ist ein riesiges Gemüsebeet, das einen realen Beitrag zur Selbstversorgung der Menschen im Viertel leisten kann. Doch das heißt nicht, dass diese Stadtfarm nicht ansehnlich wäre. Im Gegenteil.

Da der Boden hier wenig hergibt, nutzen die Leute von »Nomadisch Grün« Hochbeete aus recycelten Kisten und pflanzen Kartoffeln in weißen Reissäcken. Das hat seine ganz eigene Ästhetik und grenzt schon fast an eine Installation. Nebenbei ist der Garten jederzeit transportabel, sollte die Stadt das Grundstück verkaufen, würden Shaw und Clausen tatsächlich wie Nomaden weiterziehen. Selbst ihr Gartencafé nutzt einen ausrangierten Schiffscontainer, der uneingeschränkt mobil ist. Dass ihr Projekt nicht auf einen Platz fixiert ist, macht es auch als Modell für andere charmant. »Wir haben viele technische Lösungen entwickelt, die auch ohne großen Gartensachverstand funktionieren«, macht Clausen Nachahmern Mut. Beide Macher sind selber Quereinsteiger. Clausen ist Historiker, Shaw Filmemacher. Sie lernen ständig dazu. Vom Imker etwa, dem sie ein Stück ihres Paradieses überlassen haben. Der wiederum erklärt Besuchern gerne, welche Pflanzen Bienen besonders mögen und wie das mit dem Honig eigentlich geht. Soll heißen, hier blüht auch die Bildungsarbeit. Viele Kinder beispielsweise sehen das erste Mal, dass Gurken nicht in Klarsichtfolie im Supermarkt heranwachsen. »Gartenakademie« nennt Clausen das.

Natürlich trägt das auch zum Gemeinschaftsgeist im Viertel bei. Wer als Innenstadtbewohner nicht das Glück eines eigenen Gartens hat, der kann in den öffentlich zugänglichen Prinzessinnengarten kommen und sich der Pflege von essbarem Grün widmen. »Gärtnern heißt sich kümmern«, erklärt Clausen. Diese Philosophie des Sorgetragens für die Natur und füreinander gelte es auch generell in Gemeinschaften wiederzuentdecken. Der Garten eröffnete ihnen freilich auch persönlich andere Weichenstellungen. »Wir wollten draußen arbeiten, wir wollten anders arbeiten«, sagt Clausen. Nur mit der Entspannung, die der Gartenarbeit ja gemeinhin nachgesagt wird, hapert es noch. Das Projekt fordert die beiden Jungs weit mehr als gedacht.

Mehr unter: www.prinzessinnengarten.net.

Die Stadt zurückerobern

Worum ging es?

Vergangenen September wurde Paula Hildebrandt zur Stadtbesetzerin. Oder besser: zur Parklückenbesetzerin. Die 34-jährige Künstlerin organisierte mit ihrer Gruppe RepairBerlin den weltweiten »PARK(ing) Day« in Berlin (http://repairberlin.jimdo.com). Es brauchte nicht viel, um triste Asphaltflächen in kleine Parks zu verwandeln: Mehrere Teams rollten auf den attraktivsten Parkplätzen mitten im Zentrum einfach ein Stück Rasen aus und stellten Liegesessel auf. Ein Minipark bot eine Cocktailbar an (Motto: Drink statt Drive), in einem anderen wurde Samba getanzt. »Lieber barfuß auf Rasen laufen, spielen und sich unterhalten, anstatt Autos zu parken«, meint Hildebrandt.

Was hat es gebracht?

Hildebrand und ihr Künstlerteam haben gar nicht den Anspruch, große strukturelle Veränderungen in Bewegung zu setzen. Sie wollen vor allem mit den Passanten ins Gespräch über ihre Stadt und die Raumnutzung kommen – und das ist ihnen beim PARK(ing) Day gelungen. Viele Fußgänger blieben stehen, diskutierten und tanzten mit. »Hier findet sich eine Szene junger Aktivisten: temporär, flüchtig, spaßorientiert, pragmatisch und nicht ideologisch«, sagt Hildebrandt. Egal, ob Guerilla Gardening oder Parkplatzbesetzung: Es gebe einen klaren Trend zur »Do it yourself«-Stadt, ist sie überzeugt. Ihr Appell: Lasst euch in eurer Stadt nicht zu Statisten machen.

Wie geht es?

Städter müssen sich nicht ihrem Schicksal und dem Verkehrschaos ergeben. Jedes Jahr organisiert die Künstlergruppe REBAR aus San Francisco den PARK(ing) Day, um sich ein Stück Stadt zurückzuerobern. Jeder kann mitmachen, eine Anleitung (auf Englisch) gibt es unter http://my.parkingday.org. Aber Achtung, immer genug Wechselgeld für den Parkscheinautomaten dabeihaben. Profis beantragen vorher eine Umwidmung der Parkfläche, damit sich die Polizei nicht wegen Zweckentfremdung beklagen kann.

Freies Obst für alle und »Maptivism«

Worum ging es?

Die Idee kam den Mundräubern auf einer Paddeltour durch Sachsen-Anhalt: So viel Obst – und keine Esser. Unmengen von herrenlosen Äpfeln und Pflaumen fallen im Spätsommer an Feldwegen und in verlassenen Gärten an und verrotten ungenutzt. Da lag es nahe, den Mundraub wieder salonfähig zu machen. Die Berliner Freunde etablierten die Internetseite www.mundraub.org. Wichtigster Bestandteil ist eine Landkarte von Deutschland. Hier kann jedermann voll behangene Obstbäume eintragen und so zur Gratisernte einladen. Mitinitiator Kai Gildhorn kann nicht verstehen, dass die Politik über die Finanzierung von EU-Schulobstprogrammen streitet, Bioläden Früchte aus Neuseeland anbieten – und vor der eigenen Haustür im Sommer Obst an Bäumen verfault. Zumal es sich oft um Sprösslinge alter und wertvoller Sorten handelt.

Was hat es gebracht?

Die visuelle Obsttheke füllt sich, inzwischen haben die Mundräuber auch Beeren, Kräuter und Nüsse im Angebot. Das Eintragen eines Fundortes kostet nicht mehr als zehn Minuten. Die Mundräuber sind nicht allein. »Maptivism« erfreut sich dank Google-Maps steigender Beliebtheit. Schließlich sorgen Karten für einen besseren Überblick und setzen manches schneller in Kontext als ein langer Text. Auch der Stadtplan auf www.frankfurt-gestalten.de ist ein überzeugendes Beispiel, wie man Lokalpolitik wieder interessant macht. Hier tragen Anwohner ihre Ideen für den Stadtteil ein, mehr Fahrradwege oder bessere Ampelphasen. Eine wunderbare Ideenkiste für jeden Stadtrat, aber auch für Bürger, die wissen wollen, was in ihrem Kiez passiert. Die Hürde fürs Mitmachen und Mitmischen ist dank Karte geringer: Wer erst einmal weiß, wo gerade was passiert, ist schneller dabei.

Wie geht es?

Mithilfe von Google kann jeder eine Karte erstellen. Auf www.maps.google.de gibt es unter dem Punkt »Meine Karten« eine detaillierte Anleitung. Aber nehmen Sie sich eine Stunde Zeit, man muss sich ein wenig in das Programm hineinfuchsen. Mundräubern ist da einfacher. Entweder man meldet der Initiative auf der Internetseite die Streuobstwiese. Oder man sucht sich selbst das freie Obst. Die Karte ist für die Berliner Macher übrigens nur der Beginn. Sie wollen Mundraubsaft produzieren und träumen von Schulwandertagen zur nächsten Obstbaumallee. Hilfe ist willkommen, siehe www.mundraub.org.

»Wieso kommt der nicht mal vorbei? Oder schreibt wenigstens einen Brief?«

Aylin, Schülerin der Klasse 6c,
über den Amtsleiter der Hamburger Schulbehörde

Kapitel 8

Kinder und Jugendliche – Mein erstes Mal

Unpolitisch, konsumgeil, egozentrisch? Von wegen. Finden sie etwas, wofür es sich zu kämpfen lohnt, sind sie zu erstaunlichen Protesten bereit.

Es ist ein wildes Häufchen, was da im Streitschlichterzimmer neben dem Klassenraum zusammensitzt. Dies ist ihre Bühne. Alle reden durcheinander, einer cooler als der andere. Aufscheuchen muss man diese Sechstklässler nicht mehr. In puncto Hamburger Schulbehörde neigen sie zu moralischem Furor. »Die haben uns belogen!«, »Wir fordern Wiedergutmachung!« und »Wir nehmen uns einen Anwalt!«, schallt es durch den Raum. Manchmal fällt es schwer zu unterscheiden, welcher der Ankläger hier gerade das Wort führt. Man muss die Gruppe nur anpieksen, Stichworte reichen. Dann bricht die Rebellion aus. Womöglich haben sie aber einfach schon gelernt, dass sie mehr erreichen, wenn sie laut sind.

Aylin, Deniz, Henning, Maurice, Nike, Tijan und David haben zusammen mit mehr als 150 anderen Schülern der Ida-Ehre-Gesamtschule die Kantine der Schulbehörde besetzt. Am 10. Dezember, dem Tag der Menschenrechte, sind sie losmarschiert, um den verdutzten Behördenmitarbeitern mal vor Augen zu führen, wie es ist, wenn man keinen Platz zum Essen hat. Sie buchstäblich spüren zu lassen, wie drangvolle Enge sich anfühlt. »Wir haben unser Problem zu ihrem gemacht«, sagt Henning, der auch Klassensprecher ist.

Sie nerven aus gutem Grund und in gutem Sinne, indem sie von den Erwachsenen einfordern, was die bislang nur als Absichtserklärung kundgetan haben: eine große Kantine.

Die Mensa, die ihnen die Schulbehörde versprochen hatte, wurde noch nicht gebaut. Wegen der chronischen Verzögerung müssen sich 350 Schüler mittags im provisorischen Bistro 48 Plätze teilen. Der Platz im Miniraum reicht aber nicht für die 14 Klassen aus Jahrgang fünf und sechs, die den ganzen Tag Schule haben. Selbst, wenn sie in Schichten und nacheinander essen, stapeln sie sich. Obendrein ist das Angebot im Bistro mit Milchreis & Co. kümmerlich. Ausweichen geht nicht. Es gibt kein Schülercafé in der Nähe, und selbst wenn, sie dürfen die »gebundene Ganztagsschule« in der Mittagspause nicht einfach so verlassen. Die alte Kantine ist und bleibt zu.

Deshalb greifen sie die Schulbehörde an, zu Recht. Wie eine Schallplatte, die in der Rille festhängt, hat die Behörde ihre Lippenbekenntnisse wiederholt, bis den Kindern der Kragen geplatzt ist. Das Fass ist einfach übergelaufen. Sie wollten nicht mehr warten, sondern handeln. »Schule mit Courage« steht vorne am Eingang des roten Klinkerbaus. Nomen est omen, dachten sich die Kinder, und Masse bringen wir auch mit. Was sie damit meinen? »Wir sind doch in der Überzahl«, erklärt Nike. Im Vergleich zu wem? »Na, zur Polizei.« Wer Zivilcourage zeigt, muss mit Unbill rechnen. Das ist in ihren Köpfen schon verankert.

Aber sie wollten nicht Ärger um jeden Preis, sondern ein Gespräch mit den politisch Verantwortlichen. Und so setzten sie statt auf eine Demo und starke Konfrontation lieber auf eine Prise Humor und die Aktion in der Kantine. Zumal es da – ganz profan gedacht – was zu futtern gab. »Die hatten richtig gutes Essen da«, stellt David klar, »und eine heftig große Küche.« Ihrer Schulleiterin haben sie übrigens nicht Bescheid gesagt, aber ihre Lehrer waren solidarisch und erklärten im Vorfeld verklausuliert, es ginge um einen gemeinsamen Ausflug und »Belange der Schule«.

Schulsenatorin Christa Goetsch war zwar nicht da, aber der Amtsleiter kam sofort »angeschossen«, wie die Kinder berichten. Im Dialog mit den Mächtigen ernst genommen zu werden, dieses Gefühl war für die Kinder Gold wert. Haben sie sich nicht vor der Autorität des Mannes gefürchtet? Einhelliges Nein. »Uns konnte nichts passieren, weil wir im Recht waren«, das ist ihre Position. Eine basale Regel für solche Aktionen haben sie aber intuitiv befolgt. Sie haben vorher überlegt, was alles schieflaufen könnte. »Das Schlimmste wäre gewesen, wir wären gar nicht reingekommen«, meinen sie. Gab es einen Plan B? Alle lachen. »Ja, wieder zu gehen.«

Geordnet, ohne Geschrei und ohne Geschubse betraten sie völlig ungehindert die Schulbehörde. Und der anonyme Gegner bekam plötzlich ein Gesicht und eine Stimme: Amtsleiter Rosenboom. »Herr Rosenboom redet wie ein Politiker«, sagen sie und meinen hohle Phrasen. »Ja, ja, die Kantine komme« – das habe er versprochen, aber auch vier Monate später ist von einem Baubeginn nichts zu sehen. Seine Zusage haben sie in einem Brief festgehalten und sie so zu einer stärkeren Wahrheit gemacht. Dinge schriftlich zu machen, das liegt Zwölfjährigen zwar eigentlich noch fern, aber hier hielten sie es für ratsam. Selbstkritisch bleibt anzumerken, dass auch viele Erwachsene nicht mehr geübt darin sind, einen richtig papierenen Brief zu schreiben. Gepfefferte E-Mails schon eher.

Einen Burgfrieden mit der Behörde soll es nicht geben. Sie wollen erneut ausschwärmen. Die Klassensprecher haben sich getroffen und neue Ideen ausgebrütet. Henning liest eine ganze Liste vor. Selbst eine Sitzblockade ist jetzt im Programm und ein Anwalt, den sie entweder mit der Kreditkarte des Klassenlehrers oder aus der Klassenkasse finanzieren wollen. Eskalation wird inzwischen billigend in Kauf genommen.

»Toller Anlass, um etwas über Protestformen zu lernen«, bilanziert Klassenlehrer Markus Stobrawe, der die Kinder mit einigen anderen Lehrern zur Behörde begleitet hat. Der Deutsch-, Sport- und Spanischlehrer im flotten Outfit genießt bei den Kindern großen Respekt, auch »wenn er immer so schrecklich viele Regeln aufstellt«. »Stobi«, wie sie ihn nennen, hat im Unterricht Wissen zu Wahlen und Demokratie vermittelt, selbst zu den U-18-Schülerwahlen im Stadtteil sind sie gegangen und haben sich vorher in puncto Lokalpolitik auf den neuesten Stand gebracht.

Das ist nicht selbstverständlich. Es sind nicht gerade die besseren Kreise, die ihre Kinder hier zur Schule schicken. Sondern Familien, die sich um die nächste Miete

Ein Lehrer, der Protestformen unterrichtet: Markus Stobrawe

sorgen müssen und sich kaum nebenbei um Politik kümmern können. Von Einfluss der Eltern und einer Vorbestimmung ist also keine Rede. Diese Kinder müssen auf dem harten Weg selber lernen, für ihre Rechte einzustehen und sich politisch zu engagieren. Das ändert allerdings nichts an der wissenschaftlich gut messbaren Tatsache, dass ein hohes Bildungsniveau, hohes politisches Interesse und hohes politisches Engagement zusammenhängen.

Es ist verblüffend, was die Hamburger Schüler wissen. »Das Geld, was den Schulen fehlt, fließt in die Elbphilharmonie«, sagt Tijan. Seine Mutter hat mit ihm eine Hafenrundfahrt gemacht und einen Blick auf den wachsenden Prachtbau in der Hafencity geworfen. »Und diese Bank ist schuld, dass die uns so lange warten lassen«, meint sein Sitznachbar. Gemeint ist die marode Landesbank, die mit Geldern der Stadt gerettet wurde. Ihre entschiedene Hal-

Kinder, die den Aufstand proben: Schülerinnen und Schüler der Ida-Ehre-Gesamtschule in Hamburg

tung ist eine Nachricht mit Neuigkeitswert. Gemeinhin gelten Jugendliche als gedankenlos und politisch gleichgültig.

Aber das Training von Lehrer Stobrawe und ihr »erstes Mal« in der Kantine haben ihnen Mut gemacht. »Sie brauchen Erfahrung, wie es sich anfühlt, für ihre Sache zu kämpfen«, sagt Markus Stobrawe. Das könne man üben. Anfangs hätten die Kinder einfach noch kein Maß gefunden und sich ständig im Ton vergriffen. Das passiert allerdings auch noch erwachsenen Politprofis. Wut ablassen – aber richtig –, das will gelernt sein.

Würdet ihr das alles nochmal machen? Ja, brüllen sie im Chor. Das Interesse ist nicht erloschen. »Sie haben etwas geleistet, was ihnen niemand zugetraut hätte«, sagt Markus Stobrawe sichtlich stolz. Im Nachklapp hat die Schule ein Kinderparlament ins Leben gerufen, und womöglich gibt es in Hamburg einen Kindervolksentscheid über die umstrittene Schulpolitik, bevor die Erwachsenen abstimmen. Die Ida-Ehre-Gesamtschule wäre dabei.

Es gibt also bei Kindern durchaus ein enormes Bereitschaftspotenzial für Partizipation und auch für Protest. Entgegen allen Prognosen und Studien bahnt sich der aber bei den Sechstklässlern nicht im Internet an. Twittern über die Schulbehörde oder ein Entrüstungssturm per Mail? Fehlanzeige. Ihr Widerstand ist nicht virtuell, sondern ganz klassisch und real. Womöglich ist es aber nur eine Frage der Zeit, bis es sie ins Netz zieht. Dann haben die widerborstigen Kinder aber bereits erste Praxis auf der Straße. Zentraler ist aber vor allem die prägende Erfahrung, dass sie sich »da oben«

Gehör verschaffen und den Lauf der Dinge verändern können.

Was sich an diesem Beispiel offenbart, gilt im Prinzip für alle Aktivisten von morgen: »Früh übt sich, wer ein Meister werden will.« Nahezu alle Engagierten, die im großen Stil aktiv sind, berichten von Initialzündungen in ihrer Jugend. Andreas Bernstorff, der das Völkerrecht umgekrempelt hat, hat sich schon als Steppke mit dem Landratsamt angelegt, um Vögel vor Treckern zu schützen (siehe Kapitel 4), Sabine Werth war die jüngste Schulsprecherin Berlins (siehe Kapitel 5), Zeina Al-Hajj wiederum ist in Beirut, einer heftig umkämpften Stadt, groß geworden (siehe Kapitel 9). Eine gewisse Unruhe und Unzufriedenheit mit dem Status quo war von jeher in ihrem alltäglichen Leben verwurzelt. Alle haben sehr früh gelernt, klare Positionen zu beziehen.

Salopp gesagt haben die Kinder von heute gute Karten. Nach Jahren des Zynismus, der Gier und der Egozentrik ist es offenbar schick geworden, sich für das Gemeinwohl einzusetzen. Nicht zuletzt die Wahl Barack Obamas begeisterte viele Jugendliche für Politik. Der Kandidat kreierte ein Netzwerk von 13 Millionen Aktivisten und ermöglichte auch dem Nachwuchs, ein Quäntchen zum Erfolg beizutragen. Nichts war cooler, als sich politisch einzumischen und dabei zu sein. Dass Politik der neue Pop ist, hat sich inzwischen herumgesprochen.

Selbst wenn es freundliche Zeiten für Weltveränderer sind, stellt sich die Frage, in welchem Umfeld Engagement am besten gedeiht. Und welche Hürden es zu nehmen gilt.

Matthias Scheffelmeier von der deutschen Sektion der weltweit aktiven Ashoka-Jugendinitiative will nicht lange orakeln. Lieber befragt er die Jugendlichen selbst, und die sind emsige Zuträger. »Unser Alltag ist so straff durchorganisiert, dass uns die Zeit fehlt«, hörte er bei einer Umfrage in Potsdam. Aber auch, dass es Freunde brauche, die mit von der Partie sind und die beispielsweise auf der ersten Demo eine gewisse Geborgenheit vermitteln. Manchen fehlten auch Vorbilder mit Wow-Effekt, denen sie nacheifern könnten. Skeptiker mögen darin eine Gegenbewegung sehen, Scheffelmeier und das Team der Ashoka-Jugendinitiative organisieren lieber den Umschwung.

Seit Anfang 2010 läuft in Potsdam ihr Experiment, Jugendlichen einer ganzen Stadt die Mittel an die Hand zu geben, etwas zu tun und eine Vielzahl eigener Projekte zu starten (www.changemakercity.de). Das Spektrum der Themen, für die die Youngster brennen, ist weit. Anschaulich wurde das in einem Videoclip, den Ashoka in Potsdam drehte. Während ein Jugendlicher der eher biederen Stadt ein alternatives Jugendzentrum abtrotzen wollte, plante der nächste gleich, gegen Sexismus und Homophobie zu Felde zu ziehen. Ehrgeizig waren eigentlich alle Selbstauskünfte.

Im günstigsten Fall entstehen Ausdrucksformen, die andere imitieren können, hofft Matthias Scheffelmeier. So wie einen angesagten Haarschnitt oder ein Tattoo. Automatisch sinken so die Hemmschwellen für Engagement, einfach weil es Vorbilder gibt. Eine Expansion in andere Städte ist bereits geplant. Potsdam spornt die Organisatoren an. »Ihr Elan ist immens«, sagt Scheffelmeier über die Jugendlichen. Im Prinzip helfe man ihnen nur, das Richtige für sich zu finden. Und schieße dann etwas Geld als Treibstoff zu.

Klar ist aber auch: Neue Zeiten brechen an. Starre Strukturen in Vereinen oder Verbänden liegen den Jugendlichen nicht mehr. Ashoka bietet deshalb eher eine lose Plattform. Wie auf einem antiken Marktplatz kommt man zusammen, tauscht sich aus, trennt sich wieder. Die Sprunghaftigkeit der Community – positiv betrachtet ein Zeichen für Lebendigkeit – bereitet einigen erfahrenen Aktivisten Sorgen, denn gerade große gesellschaftliche Herausforderungen wie Rechtsradikalismus oder Klimawandel brauchen die ameisenartige Aktivität von möglichst vielen und vor allem Durchhaltevermögen.

Die gute Nachricht ist: Ausgerechnet das komplexe Thema Erderwärmung hat die junge Generation auf den Plan gerufen. Die Klimaschutzbewegung ist extrem jugendlich geprägt. Einerseits sicher, weil erst die kommenden Generationen die Folgen der steigenden Temperaturen mit voller Wucht erleben werden und es um ihre Zukunft geht. Andererseits aber auch, weil die jungen Umweltschützer hier ein unbeackertes Feld entdeckt haben. Klimaschutz ist jung, frisch und anders als die Anti-AKW-Bewegung nicht gepachtet von grauhaarigen alten Herren, die schon wissen, wie es geht. In den Augen der Jugendlichen sind nicht immer die bisher bewährten Aktionen erneut die geeigneten, zumindest möchte der Nachwuchs fantasievoll mit bestehenden Formen umgehen.

Ihre Klimaschutz-Aktionen sind bunt und wild – leise untergehen wollen diese Jugendlichen nicht. Ob Straßentheater oder Großpuppen, Paraden durch die Stadt oder Flashmobs – die Welt zu verändern und Spaß zu haben schließt sich für den Nachwuchs nicht aus. Nicht zu vergessen ist, dass gerade Aktionen mit einer satten Dosis Humor ein Schutzmechanismus sein können, wenn man Autoritäten attackiert. Wer legt sich schon mit einem Clown an?

Zumal ihr Wunsch nach Spaß die Jugendlichen nicht abhält, sich auch der drögen Diplomatie eines Weltklimagipfels zu stellen. Der jüngste Aktivist, den die BUND-Jugend mit nach Kopenhagen nahm, um den Diplomaten Paroli zu bieten, war 15 Jahre alt. Bei einer Regenwald-Aktion, die ihm besonders gefiel, wurde dann schon mal mit 100 Leuten gemeinsam im Konferenzraum geklatscht, gepfiffen und geschnalzt. »So wollten wir zeigen, dass wir unüberhörbar sind«, erklärte der Nachwuchs-Aktivist. Schließlich sei Klimaschutz eine Sache des Überlebens für ihre Generation. Erstaunlich ist, dass selbst Politiker, die gerne abgeschirmt von der Öffentlichkeit hinter verschlossenen Türen tagen, freundlich auf die jungen Ruhestörer reagieren. Sie nehmen sie nicht als disziplinarisches Problem wahr, sondern als Appell, dem Stillstand auf internationalem Parkett etwas entgegenzusetzen.

Auch die jungen Aktivisten ticken international. Weil sie wissen, dass es für ein weltumspannendes Problem auch weltumspannende Lösungen braucht. Und weil es faszinierend ist zu sehen, wie sich eine lokale Aktionsidee global verbreiten kann. Die jungen Oppositionellen schütten sich geradezu in die Welt hinein.

Das Beispiel von Felix Finkbeiner mag das illustrieren. Der Zwölfjährige hat eine Initiative ins Leben gerufen, die mittlerweile eine Million Bäume gepflanzt hat. Der millionste Baum, eine vier Meter hohe Traubenkirsche, wurde im Mai 2010 am Rande des internationalen Klimadialogs auf dem Petersberg nahe Bonn platziert. Der Junge hatte 2007 nach einem Referat in seiner Schule zum Klimaschutz mit Mitschülern die Aktion ins Leben gerufen. Das Netzwerk »Plant-for-the-Planet« ist heute in 72 Ländern aktiv. Mit Biomasse den Treibhauseffekt zu bremsen funktioniert halt überall. Denn Bäume binden überschüssiges Kohlendioxid.

Felix' Projekt ist aber noch in einer anderen Art typisch für jugendlichen Aktivismus. Es trägt deutlich seine eigene Handschrift, wird mit ihm als Person verbunden. Felix hat sich zwar an das große Thema Klimaschutz angekoppelt, aber seine individuelle Note gefunden. Jugendliche wie er handeln über Kontinente hinweg, schätzen das Gemeinschaftsgefühl und sind extrem kooperationsbereit, aber suchen doch den eigenen Ton. Das sind gute Neuigkeiten, denn es heizt ihre Kreativität an und bereichert die ganze Szene mit neuen Ideen.

Nachtrag: Wie geht es weiter mit der Ida-Ehre-Gesamtschule? Im Sommer 2010 soll nun endlich mit den Mensa-Bauarbeiten begonnen werden, die Einweihung ist für Anfang November vorgesehen.

Merke

Traut euch was und fangt so früh wie möglich an. Schon die erste Aktion ändert etwas im Leben und wie ihr euch fühlt in der Welt. Zieht Freunde und Bekannte mit, dann erfahrt ihr Geborgenheit. Besucht gemeinsam ein Seminar für kreative Aktionen, wie es etwa die Bewegungsakademie in Verden/Aller anbietet. Dort lernt ihr einen ganzen Fundus an Aktionsideen kennen, mit denen ihr dann experimentieren könnt (http://www.bewegungsakademie.de).

Mehr zum Thema

»Plant for the Planet« ist eine Schülerinitiative, unter deren Dach Kinder aus aller Welt Bäume als Zeichen für Klimagerechtigkeit pflanzen. Inzwischen gibt es auch eine »Akademie«, auf der sich geballt alles Wichtige zum Thema Klimakrise lernen lässt – auch, wie man selber Vorträge hält. http://germany.plant-for-the-planet.org; http://germany.plant-for-the-planet.org/take-action/academies

Alles über die Ashoka-Jugendinitiative und das Projekt »Changemaker City« unter http://www.ashoka-jugendinitiative.de/changemakercity/

Klimakonferenzen entern, Klima-Radioballett, die Suche nach einer Klimakanzlerin – wer an Bord des Kampagnenteams der »Klimapiraten« möchte, kann sich unter vielen Aktivitäten was aussuchen. Eine Karte verzeichnet alle Stützpunkte der Piraten bundesweit: www.klimapiraten.net

Eure Ziele sollten SMART sein! – Was man sich vorher überlegen sollte

Bevor ihr eine Aktion oder gar eine Kampagne startet, macht euch klar, was das Problem ist. Je kürzer ihr in Worte fassen könnt, worum es geht, desto besser. Schließlich sollen es auch andere schnell nachvollziehen können. Die Smart-Regeln dienen als Checkliste für eure Ziele.

Sind sie **s**pezifisch, das heißt klar?

Sind sie **m**essbar, also beobachtbar?

Sind sie **a**kzeptiert und aktiv beeinflussbar?

Sind sie **r**ealistisch und mit den vorhandenen Ressourcen zu erreichen?

Sind sie **t**erminiert, soll heißen, habt ihr eine Projektdauer festgelegt, einen Start, ein Ende und auch Etappenziele?

Mehr dazu findet ihr unter http://blog.greenaction.de/?s=smart, und für Fortgeschrittene ist der Tactic Star unter http://beyondthecoir.org/organizing-resources/ (auf Englisch) interessant.

Beispiel Ida-Ehre-Gesamtschule

Spezifisch: Essen aus Protest in der Kantine der Schulbehörde, umgehender Start des Mensa-Neubaus an der Schule
Messbar: Beginn der Bauarbeiten, Einweihung
Akzeptiert: Die Vorwürfe sind berechtigt. Man braucht Platz fürs Mittagessen, wenn man Unterricht bis 16 Uhr hat.
Realistisch: Der Druck auf die Schulbehörde kann das erreichen.
Terminiert: Nach dem Protest in der Kantine erklärt Schulamtsleiter nach einigen Monaten den Beginn der Bauarbeiten für die neue Mensa.

Stille Demo

Worum ging es?

Der Anblick ist gewöhnungsbedürftig: 350 Techno-Fans ziehen wie zu besten Love-Parade-Zeiten durch Berlin. Sie tanzen, sie zucken, sie werfen die Hände in die Luft – aber irgendetwas fehlt. Stimmt, die Musik! Es ist die »Silent Climate Parade«. Die erste lautlose Demo für engagierten Klimaschutz. Alle Raver tragen Funkkopfhörer und tanzen schweigend zu den Beats des weltbekannten DJ Motte. Wenn CO_2 unsichtbar ist, was liegt dann näher, als lautlos zu demonstrieren, sagen sie.

Was hat es gebracht?

Der Protestzug war Teil des weltweiten Aktionstages für mehr Klimaschutz im Oktober 2009. Er wurde von der amerikanischen Organisation 350.org koordiniert, der Persönlichkeiten wie Nobelpreisträger Desmond Tutu, die indische Umweltaktivistin Vandana Shiva und der NASA-Forscher James Hansen angehören. Noch nie versammelten sich so viele Bürger weltweit auf den Straßen, um die Politiker zu ambitionierten Klimazielen anzutreiben. Vor allem junge Leute machten mit. Events wie die ungewöhnliche Demo in Berlin hatten ihr Lebensgefühl getroffen. Obendrein sind es die Jungen, die die Folgen des Klimawandels ausbaden werden müssen, da liegt es nahe, den Aufstand zu proben.

Wie geht es?

Man muss nicht immer schweigend einer Fahne hinterherlaufen, Latsch-Demos sind ziemlich out. Demonstrationen dürfen Spaß machen. Nur wenige Wochen nach ihrer stillen Klimaparade legten die Organisatoren nach: 100 Menschen verkleideten sich als kugelrunde CO_2-Moleküle und inszenierten eine spaßige Verfolgungsjagd in Berlin.

»Alles ist möglich.«
Apple-Werbung

»Hätten wir Lenovo attackiert, hätten alle ›Wer?‹ gefragt. Als wir ›Apple‹ sagten, gerieten alle in Aufruhr.«
Zeina Al-Hajj

Kapitel 9

Umweltschutz – Veräppelt

Apple will immer das Allergrößtmögliche vollbringen. Wie man einen solchen Konzern zum Ökoprimus macht, zeigte Greenpeace mit seiner ersten – und bis heute erfolgreichsten – Online-Kampagne »Green my apple«. Erstmals wurde das Internet ins Werkzeugarsenal aufgenommen. Teamchefin Zeina Al-Hajj plaudert aus dem Nähkästchen.

»Apple war der Trendsetter, alle anderen Konzerne würden wie die Lemminge folgen, das war uns klar«, antwortet Zeina Al-Hajj, wenn sie gefragt wird, warum Greenpeace ausgerechnet Apple auf Grün trimmen wollte. Ausgerechnet einen Konzern, dessen Mythos weit über simple Hard- und Software hinausreicht. Der vom Enthusiasmus seiner Kunden getragen wird, die aus seinen Flachapparaten Kultobjekte machen.

»Noch besser«, sagt Zeina. »Mit Steve Jobs hatte Apple auch einen Chef, der ein Perfektionist ist und es nicht ertragen konnte, plötzlich Klassenletzter zu sein.« Denn von sauberer Produktion war bei Apple nichts zu sehen. Und so erklärten die Umweltschützer dem Firmenlenker, dass nur ein umweltfreundlich produziertes Produkt ein gutes sein könne. Und dass hier ebenfalls vorbildliche Leistungen gefragt seien. Bester sein – das könnte Apple doch auch in Sachen Umweltschutz. Hatte Steve Jobs nicht geworben, für Apple sei alles möglich? Kurz: Greenpeace stachelte den Ehrgeiz des Gegners an.

Bis es so weit war, hatte die Organisation einiges an Hausaufgaben gemacht. Eine mehrere Hundert Seiten dicke Studie hatte belegt, dass eine Vielzahl von giftigen Chemikalien in Computerbauteilen steckte. Schwermetalle wie Blei, Cadmium und Quecksilber, aber auch bromierte Flammschutzmittel und PVC. Ethisch korrekt ging die Produktion obendrein nicht zu. Das Gros wurde in den Hinterhöfen Asiens zusammengelötet – vielfach von Kindern. Was am Ende damit passierte, scherte die Branche ebenso wenig. Recycling war bei IT-Firmen ungefähr so angesagt wie eine Steuerprüfung. Will meinen: Der Skandal war da, aber schwer in eine typische Greenpeace-Kampagne umzumünzen.

Dafür gab es drei Gründe. Erstens spielte sich das Drama weit weg von Europa ab, zweitens waren die Hersteller der Bauteile unbekannte No-Names, nach denen hier kein Hahn krähte, und drittens gab es nur nüchtern anmutende Bilder von Kabelgewirr oder Platinen, aber nichts, was Emotionen erzeugte und Durchschlagskraft versprach.

Die Teamleiterin der internationalen Chemiekampagne mit Sitz in Amsterdam war in höchster Not und suchte Rat – im kleinen Kreis von erfahrenen Greenpeace-Strategen. Die Empfehlung lautete: Statt über Müll und Rückstände zu reden, was wenig attraktiv ist, suche ein konkretes Produkt und eine konkrete Firma, die sich als Gegner eignen. Denke groß und suche einen Bösewicht von Format, der beispielhaft für die ganze Branche steht. Stelle ihn auf seinem Spielfeld und organisiere Gossip, den der Konzern nicht steuern kann.

Und so entstand die erste Internetkampagne in der Geschichte einer Organisation, die der direkten Konfrontation verpflichtet war. Die erste Kampagne, die nicht in der realen Welt, sondern in der virtuellen Welt gewonnen werden sollte. Und das 2006, soll heißen in einer Zeit, in der soziale Netzwerke wie Facebook & Co. noch eine unbekannte Größe waren. Blogs, Webseiten, Mail-Rundschreiben für ein politisches Anliegen zu nutzen war komplettes Neuland – Terra incognita.

Faktisch gab es als Gegner nur einen Kandidaten, der nicht x-beliebige Computer, sondern quasi Kunstwerke verkaufte: Apple. Für Apple und seine Geräte ohne Ecken und Kanten hatte es aber bis dato nur Lob gehagelt. »Niemand hatte damit gerechnet, dass Apple als Meister des sauberen Designs in einem Öko-Ranking so schlecht abschneiden würde«, sagt Zeina freimütig. Doch so war es. Greenpeace hatte im August 2006 14 IT-Größen wie Hewlett Packard, Dell, Nokia, Sony Ericsson und eben Apple durchleuchtet. Schlusslicht war Apple, in deren Geräten eine wahre Armada potenzieller Umweltgifte steckte. Außen hui, innen pfui – so kommunizierte Greenpeace das Ergebnis.

Hinter den Kulissen hatte die Organisation bereits das Gespräch mit den Marktführern gesucht und ihnen erklärt, welche Ziele es zu erreichen gelte. Nach dem Start der Kampagne brach Apple die Kommunikation ab.

Was dem Konzern nicht half, denn im Netz hatte Greenpeace bereits Helfershelfer gefunden, die für das

Thema affin waren, es begierig aufgriffen und darüber in ihren Blogs redeten. Gezielt angesprochen wurden zunächst die 20 Blogger, die als Meinungsführer der Szene galten und deren Kommentare sich wie ein Lauffeuer verbreiteten. Gut war: Obwohl in der Blogger-Elite starke Konkurrenz herrschte, einte sie jedoch ihre Konzernkritik. Als diese Community sich zur Vendetta gegen den Umweltsünder Apple entschloss, war die Kampagne zugunsten giftfreier und langlebiger Produkte eigentlich gewonnen. Denn solche Webberühmtheiten erreichen trendbewusste Kunden, die zwischen 18 und 35 Jahre alt sind und viel Zeit im Netz verbringen: also perfekte Apple-Kunden. Die Greenpeace-Kritik kam also bei denjenigen an, die ohnehin gerne über Apple reden, und fruchtete, indem sie sich selber weitertrug – im Schneeballverfahren. Die Netzgemeinde kümmerte sich sozusagen gemeinsam mit Greenpeace um die Sache.

Um dieser virtuellen Belagerung der Konzerntrutzburg in Cupertino Futter zu geben, ging im September 2006 ein fast 95-prozentiger Nachbau der Original-Apple-Webseite online – was hart an der Grenze des juristisch Erlaubten war.

Dieser Klon war mit alternativen Geschichten und Enthüllungen gespickt – asiatische Kinder spielten beispielsweise zwischen ausgedienten Computerbauteilen. Als Ausgleich zum scharfen Vorwurf outeten sich die Umweltschützer als Fans der Produkte: »Wir lieben Apple.« Deshalb forderten sie als Anhänger der Marke ein grüneres Produkt. In einer anderen Rubrik wurden die Besucher gebeten, sich direkt an Steve Jobs zu wenden

(»Schreib an Steve«), von dem bekannt war, dass ihm das Wohlwollen der Kunden wichtig war und er ihre Mitsprache schätzte.

Damit nicht genug: Greenpeace setzte auf die Kreativität der Masse. Man konnte Bilder und Töne herunterladen und damit ein Filmchen drehen oder ein T-Shirt designen. Jeder konnte dabei sein. Die Resonanz war überwältigend: In den ersten 24 Stunden nach Start zählte Greenpeace 85 000 Klicks. Nach fünf Wochen war die Kampagne fest im Netz verankert und verzeichnete 116 000 Google-Treffer und Links auf über 2 500 Blogs. Später gewann die Seite den begehrten »Webby Award«, das Online-Pendant zum Oscar der Filmbranche.

Der absolute Hit waren allerdings die Fake-Videos, mit denen Greenpeace die klassischen Werbefilmchen von Apple kaperte. Statt mit toller Technik zu prahlen, gab es dort zwei Typen, die sich scheinbar stolz darüber austauschten, welche schädlichen Substanzen in den Geräten steckten. Zeina betont, dass auch hier Apple eigentlich bereits als Verbündeter angesprochen wurde. »Der Mac-Typ war der Coole, der PC-Typ ein Langweiler«, sagt Zeina. In einem zweiten getürkten Video war ein frenetisch bejubelter Steve Jobs zu sehen, der wie ein Popstar ankündigte, dass Apple fortan alle Geräte zurücknehmen und zu 100 Prozent recyceln würde. Das war so gut gemacht, dass es schwer zu erkennen war, wer der Absender war: Apple oder Greenpeace.

Greenpeace kam zupass, dass Apple in einem Dilemma steckte. Auch die Zweifler im Konzern wussten, dass ihr Produkt nicht ökologisch sauber war, und sannen auf Abhilfe. Im Aufsichtsrat saß damals unter anderen der ehemalige US-Vizepräsident Al Gore, der auf ökologischen Wandel drängte.

Nachdem die Kampagne im Netz längst ihr Eigenleben entwickelt hatte und klassische Medien wie die *New York Times* ihre Einzigartigkeit und Originalität lobten, verzichtete Greenpeace doch nicht gänzlich auf traditionelle Werkzeuge. »Wir hatten uns ein grünes Maskottchen gebastelt, ein Mac-Mann, den wir überall mit hinschleppten«, sagt Zeina. Auf Konferenzen genauso wie vor Apple-Stores, bei deren Eröffnung sich gerne Schlangen um Häuserblocks wickeln, was aufmerksame Zuschauer bedeutet. »Als ich damit im Hotel auftauchte, riefen mir Leute zu, ich sollte lieber einen echten Mann mit aufs Zimmer nehmen«, erinnert sich die Aktivistin.

Letztendlich war es Zeina, deren Energie und Charisma die Kampagne trug. Bevor sie zur Dachorganisation in Amsterdam stieß, hatte sie bereits für Greenpeace im Libanon gearbeitet, in einem klitzekleinen Team. So war es auch hier. Die mächtige Organisation scharte eine Crew von vier Personen um sie und stattete sie mit einem schmalen Budget aus. Fürs Tingeln durch die Welt und aufwendige Veranstaltungen hätte das Geld nie gelangt – für eine Internetkampagne schon. Das Internet entpuppte sich als Notlösung und Glücksfall zugleich.

Apple dagegen war bald klar, dass es für sie um sehr viel Geld ging, weil Greenpeace das Image der kultigen Marke geschädigt hatte. Spätestens als Zeitschriften wie *MacUser* dem Konzern in gedruckten Editorials rieten, sich endlich direkt an die verunsicherten Kunden zu wenden. Gleichzeitig streckte Greenpeace die Hand aus und

Zeina Al-Hajj, die Greenpeace-Aktivistin, die Apple zum Ökoprimus machte

markierte erreichbare Ziele, mit denen Apple buchstäblich wieder im grünen Bereich landen konnte. Es ging also um eine Herausforderung.

Im Mai 2007, knapp neun Monate nach Beginn der Kampagne, knickte Apple-Boss Steve Jobs ein. In einer Botschaft an Kunden, Aktionäre und Umweltschützer versprach er mehr Recycling, weniger Umweltgifte und eine Studie zur Klimabilanz. »Wir haben heute zum ersten Mal über unsere Pläne gesprochen, ein grüneres Apple zu werden«, schrieb er in einem offenen Brief. Und bekannte reumütig: »Wir entschuldigen uns, Sie so lange im Dunkeln gelassen zu haben.«

Es sei beachtlich, was Apple an Plänen und Zusagen veröffentlicht habe, würdigte Zeina die Apple-Wende. Kurz: Greenpeace akzeptierte und hatte gewonnen. Der Brief von Jobs war noch monatelang auf der Apple-Seite abrufbar. Und Apple stieg im grünen Elektronikführer von Greenpeace kometenhaft auf. Laut Greenpeace konnte die Marke jedoch nur eine Spitzenposition erreichen, wenn das iPhone ein wahrlich umweltfreundliches Produkt sein würde. »Wir wollen diese Produkte wirklich sehen«, erklärt Zeina.

Als Ende Juni 2007 dieses neue Apple-Gimmick auf den Markt kam, ließ Greenpeace es im wahrsten Sinne des Wortes auseinandernehmen. »Wir waren bitter enttäuscht«, räumt Zeina ein. Die Organisation stellte dem Kulttelefon ein vernichtendes Zeugnis aus, denn es enthielt immer noch den gefährlichen Massenkunststoff PVC und giftige Bromverbindungen, die bei Verbrennung Dioxine freisetzen. Alles Altsünden, die Jobs eigentlich beheben wollte. Greenpeace stellte ein Video ins Netz warnte vor dem iPhone. Konkurrenten wie Nokia oder Sony Ericsson seien weiter vorne als Apple. Diesmal reagierte Jobs schnell und zeigte ruckzuck eine neue Version. »Apple verhandelte auch wieder mit uns«, sagt Zeina. Mehr noch: Sie wurden zum Vorreiter einer fortschrittlichen Elektronikschrott-Gesetzgebung, damit nicht einer alleine, sondern die gesamte Branche vorankam.

Apple änderte das Design seiner Hightech-Produkte, um weniger Müll zu produzieren. »Um das, was heute übrig bleibt, müssen wir uns weniger Sorgen machen«, bilanziert Zeina.

Die Kampagne erreichte viel, indem sie einen bewegte. Eine Firma erzog die anderen. So wie es anfangs am grünen Tisch geplant worden war.

Zeina betont aber noch etwas anderes, was in Zeiten der Finanzkrise heftig diskutiert wird. Können sich Firmen eine saubere Produktion leisten? »Apple ist nicht bankrottgegangen durch diesen Wandel. Umweltschutz ist möglich, ohne Geld zu verlieren«, sagt sie.

Anfang 2010 veröffentlichte Greenpeace den neuesten Ratgeber »Grüne Elektronik«. Apple hat sich weiter verbessert und liegt jetzt auf dem fünften Platz. Klassenbester sind sie bei der Reduktion gefährlicher Chemikalien und den Elektronikschrott-Kriterien.

Merke

Wer eine Kampagne im Netz gewinnen will, braucht die richtigen Multiplikatoren – hier eine Vorhut von bekannten Bloggern. Statt sich an die breite Masse zu wenden, reicht dann ein sehr begrenzter Adressatenkreis. Allerdings Achtung! Das funktioniert sicher nicht bei jedem Gegner: Den Computerkonzern Apple kann man im Internet angreifen, den Energieriesen RWE eher nicht.

Mehr zum Thema

Kampagnenvideos von Greenpeace zu »Green my apple« auf YouTube: Hi. I'm a Mac. Greenpeace Apple parody, http://www.youtube.com/watch?v=CtxJor2NV-8, 121 715 Klicks (Stand: März 2010)

Steve Jobs 2007 keynote (spoof video): http://www.youtube.com/watch?v=2Uo_4kyrkDc, 163 411 Klicks (Stand: März 2010)

Fake-Videos: »Affentöter« – Greenpeace-Video beschert Nestlé ein PR-Desaster

Wer im Umgang mit dem Netz geschickt ist, kann selbst einen Weltkonzern aus der Reserve locken. Das führten die Web-Aktivisten von Greenpeace im Frühjahr 2010 vor. Mitte März stellten sie ein Video ins Netz, in dem ein »KitKat«-Fan statt in eine Schokowaffel in einen blutigen Affenfinger biss – ein Clip, mit dem Greenpeace auf die Zerstörung des Regenwaldes durch bestimmte Produzenten von Palmöl aufmerksam machen wollte. Bei diesen Produzenten kaufte Nestlé Palmöl für die KitKat-Riegel. So trage das Unternehmen dazu bei, dass der Lebensraum der Gorillas zerstört werde – deswegen auch der blutige Affenfinger. Tausende sahen das Video, und die Botschaft verbreitete sich im Netz wie ein Grippevirus. Der Begriff »Palmöl« explodierte in Blogs und auf den Seiten von Facebook & Co.

Nestlé geriet in Panik und löschte den Spot. Ein PR-Desaster, denn nun hieß es, der Konzern wolle unliebsame Meinungsäußerungen verhindern und habe deshalb den Stecker gezogen. Mangelndes Demokratiebewusstsein kann die Internet-Community allerdings noch weniger leiden als Affentöter. Der Konzern knickte ein und ließ verlauten, dass die Zusammenarbeit mit der Sinar-Mas-Gruppe in Indonesien beendet sei. Diese Botschaft erreichte aber nur einen Bruchteil derer, die vorher das Video gesehen hatten, und selbst die schienen den Beteuerungen von Nestlé nicht zu glauben. Der Zorn auf das Unternehmen entlud sich auf der KitKat-Fanseite, die mehr als 700 000 Mitglieder zählt. Die Fanseite wurde vorübergehend zur Protestplattform, wo Nestlé-Kritiker Texte und Bilder hochluden. Nestlé zog auch hier den Stecker. Während sich das Thema erst fernab klassischer Medien entwickelt hatte, griffen jetzt die Zeitungen die Geschichte auf und meldeten die Empörungswelle im Netz.

Greenpeace reichten die Nestlé-Bekundungen nicht. Zwar seien die direkten Verträge gekündigt, aber es werde weiter Öl über Zwischenhändler bezogen. Greenpeace bot Verbrauchern an, Netz-Aktivisten zu werden, und übertrug ihre Twitter-Protestbotschaften auf einer Großbildleinwand direkt und live vor den Konzerntoren von Nestlé in Frankfurt – und griff damit auf etablierte Werkzeuge zurück. Das Internet erhöhte offenbar das Selbstbewusstsein der Verbraucher. Und animiert sie mitzumachen.

Die Kampagne schrieb Geschichte und wurde auf der re:campaign, einer Konferenz für Netzaktivisten in Berlin, Mitte April 2010 als Prototyp für die Revolution 2.0 vorgestellt. Gewonnen ist sie allerdings noch nicht, womöglich lässt sich eben nicht jeder Großkonzern via Internet in Bedrängnis bringen.

Yes Men – die Perfektion des Protests

Worum ging es?

Als die New Yorker am 12. August 2008 ihre geliebte Zeitung, die *New York Times*, aufschlugen, stutzten sie. Der Irakkrieg ist vorbei? Präsident Bush wird des Hochverrats angeklagt? Mehr Fahrradwege in New York? Das renommierte Blatt war Opfer der Yes Men geworden, eines Aktivistenduos, das sich auf »Identitätskorrektur« spezialisiert hat. Diesmal hatten die Künstler eine perfekte Nachahmung der Zeitung erstellt, die ausschließlich gute Nachrichten enthielt.

Was Andy Bichlbaum und Mike Bonanno treiben, ist Protest in der Champions League. Seit mehr als zehn Jahren führen sie die Mächtigen der Welt an der Nase herum, indem sie sich als Vertreter von internationalen Organisationen und Konzernen ausgeben und die unglaublichsten Forderungen stellen. Als Repräsentant der Welthandelsorganisation verkündete Bichlbaum etwa auf einer Konferenz in Sydney der erstaunten Zuhörerschaft die Auflösung der Institution (»Weil wir erkannt haben, dass das derzeitige Handelssystem Armut, Verschmutzung und Ungleichheit befördert«).

Für weltweites Aufsehen sorgte auch sein BBC-Auftritt als Dow-Chemical-Sprecher. Mit ernster Miene und im schwarzen Anzug verkündete der bierernste Bichlbaum am 20. Jahrestag des Bhopal-Unglücks, dass »sein« Unternehmen bereit sei, zwölf Milliarden Dollar Entschädigung an die Opfer des Chemieunglücks zu zahlen. Die Bhopal-Opfer freuten sich, die Dow-Aktionäre nicht: Der Aktienkurs verlor innerhalb von 25 Minuten rund zwei Milliarden Dollar an Wert. Selten wurde die Logik der Finanzmärkte so genial entlarvt: Gute Nachrichten bedeuten Verluste.

Was hat es gebracht?

Die Yes Men haben den Politikprotest perfektioniert. Ihre Art der Globalisierungskritik ist witzig, smart und kreativ – genau richtig in der heutigen Zeit. Bonanno und Bichlbaum sind inzwischen selbst ein Unternehmen und haben ein Buch und einen Film über ihr Gesamtkunstwerk veröffentlicht (*The Yes Men fix the world*). Weltweit nehmen sie an Workshops teil, um Nachahmer zu motivieren. Mit Erfolg. 2009 produzierten Globalisierungsgegner eine Positivausgabe der Wochenzeitung *Die Zeit*. Greenpeace knöpfte sich wenig später und passend zum Weltklimagipfel in Kopenhagen die *International Herald Tribune* vor.

Wie geht es?

Um ein Yes Man zu werden, braucht man ein ausgesprochen ausgebufftes Pokerface und Organisationsgeschick. Vielleicht starten Sie erst einmal mit etwas Kleinerem, einem Zeitungsplagiat oder einem gefälschten Twitter-Account. Auf ihrer Internetseite http://challenge.theyesmen.

org/how haben die Yes Men einen Anleitungsfaden erstellt. Aber Vorsicht, nicht alle Tipps sind ernst gemeint. Wir warten aber sehnsüchtig auf deutsche Yes Men.

Gegen den Konsumrausch

Worum ging es?

1989 wurde Kalle Lasn zum »enfant terrible« der Werbeszene. Der gebürtige Este, selbst erfolgreicher Markforscher, gründete im kanadischen Vancouver die Adbusters Media Foundation. Seitdem entlarvt er im Zwei-Monats-Takt mit seinem Magazin *Adbusters* den Konsumrausch unserer Gesellschaft, indem er bekannte Werbeanzeigen perfekt verfremdet. »Welcome to Marlboro Country« etwa zeigt statt des weltbekannten rauchenden Cowboys im Abendrot bibbernde Angestellte, die ihre Zigarettenpause draußen vor der Tür verbringen.

Ein weltweites Netzwerk von Konsumkritikern etablierte Lasn, als er 1992 erstmals den »Kauf-Nix-Tag« ausrief. 24 Stunden kein Coffee to Go, kein Supermarktbesuch, kein Kino: Die Teilnehmer protestieren so gegen umweltschädigende und unsoziale Produktionsbedingungen. Zwei Jahre später folgte die »TV-freie Woche«. Sie ging danach in die »Digitale Entgiftungswoche« über, die unseren Handy-, iPhone-, Internet- und Fernsehwahn hinterfragen soll. Neuerdings gibt es auch noch den »No Trade Day« gegen Spekulantentum.

Was hat es gebracht?

Mit *Adbusters* hat Lasn der Anti-Marken-Bewegung eine Heimat gegeben. Seine »spoof ads« (die parodierten Anzeigen) sind sogar unter Werbern Kult. Auch die Gedenktage haben eine weltweite Anhängerschaft: Keine kritische Verbraucherschutzorganisation, die nicht am 4. Samstag im November zum Kauf-Nix-Tag aufruft. Auch wenn viele Shopper den Einkauf wohl nur verschieben – ein kollektives Zeichen gegen den Konsumrausch zu setzen ist allemal viel wert.

Wie geht es?

Einfach mitmachen, alleine oder besser noch mit Freunden, Nachbarn, der Volleyballgruppe. Hier findet sich eine Übersicht der anstehenden Gedenktage:

https://www.adbusters.org/campaigns

Ganz neu dabei ist übrigens die »Kick it over«-Kampagne, eine Kritik der Konsumaktivisten an der neoklassischen Wirtschaftslehre. Auf der *Adbusters*-Seite lässt sich ein flammendes Manifest unterschreiben. Ausdrucken und an den Wirtschaftsfakultäten der Universitäten verteilen.

»Evo, ich lade dich ein, Fidel, ich lade dich ein. Lasst uns die ideologische Schlacht in allen Räumen schlagen. Revolution in allen Räumen!«

Venezuelas Staatschef Chavez über das Internet als Kampfinstrument

»Man braucht die richtige Mischung aus Engagement und Event.«

Philipp Gloeckler,
Organisator des ersten Carrotmob in Deutschland

Kapitel 10

Internetprotest – Netzwerke stricken

Egal, ob jung oder alt, Protestler zieht es ins Netz. Sie kommunizieren über Blogs und soziale Netzwerke wie Facebook oder Twitter. Greenpeace bloggt über Demos und organisiert Aktivisten in seinem Portal GreenAction. Campact kann in Sekundenschnelle Atomkraftgegner über seine E-Mail-Verteiler mobilisieren. Im Mitmachnetz kann jeder seine eigene Kampagne starten und einer alleine was bewegen.

Wahlkampf kann sehr zäh sein. Zwar versichern die Wahlkämpfer emsig, die Sache bleibe spannend, ja unglaublich spannend, und das bis zur letzten Minute – aber der Wähler sehnt doch täglich das Ende des Spektakels herbei. Wahlkampf heißt, dass Politiker das sagen, was sie immer sagen, nur häufiger.

Der Bundestagswahlkampf 2009 war so ein ödes Spektakel. Frau Merkel versprach Wachstum und Herr Westerwelle monoton mehr Netto auf dem Konto, und Herr Steinmeier auch was, was man schon nicht mehr weiß. Die Schlacht um Berlin war nichts, was viel Beifall verdient hätte.

Nichts entlarvte die Hohlheit des Wahlkampfs in diesem Jahr aber wirksamer als Flashmobs bei Politikerauftritten, die im Internet vorab organisiert wurden. Und die eindrucksvoll bewiesen, dass solche spontanen Menschenaufläufe allen Unkenrufen zum Trotz sehr wohl politisch motiviert sein können. Jubel kann auch Protest sein.

Als Angela Merkel Mitte September nach Hamburg kommt und ihre Rede beginnt, reißen mehrere Dutzend Menschen die Arme hoch und brüllen ein langgezogenes »Yeah«. Zeitweise sind nur noch Wortfetzen der Kanzlerin zu verstehen, so sehr dominieren die »Yeah«-Rufe die Geräuschkulisse.

Der ironische Dauerjubel ist der Protest der zumeist jungen Leute und illustriert ihr aktuelles Lebensgefühl. Von Politikern erwarten sie nicht mehr viel und äußern sich lautstark. Nur das Schema ist anders als früher. Mobilisiert wird über das Netz, und experimentiert wird mit neuen Formen. Eine uralte revolutionäre Idee, der Aufruhr auf der Straße, wird so revitalisiert.

Flashmob bei einem Auftritt von Guido Westerwelle im September 2009

Angefangen hat alles wenige Tage vorher, als der Schnappschuss eines CDU-Plakats im Internet auftaucht. »Die Kanzlerin kommt« steht auf dem Plakat, mit einem schwarzen Filzschreiber hat jemand danebengeschrieben: »Und alle so: Yeah.«

Das Bild und die Idee verbreiten sich mit Lichtgeschwindigkeit im Netz, bald schon schreiben vielgelesene Blogs wie »Spreeblick« darüber. Der Kurzbotschaftendienst Twitter erledigt den Rest. Einige Tage später erhebt sich die Netzgemeinde und skandiert ihren Unmut über das leere Wahlkampfgetöse real auf dem Hamburger Gänsemarkt. Faktisch trifft es hier obendrein eine Partei, die das Netz mit Stoppschildern zensieren will, was denjenigen, die hier stehen und den ganzen Tag virtuell unterwegs sind, überhaupt nicht passt. Statt mit Eiern und Tomaten zu werfen, überlegen sie sich diesen Streich. Dass es ihnen mit dem Applaus an den unpassendsten Stellen auch um Spaß geht, verhehlen sie nicht. Warum auch?

Hier kommen wir! Und das völlig unerwartet! Nach diesem Motto funktionierte auch der erste Flashmob Mitte 2003. Etwa 250 Menschen sammelten sich an der New Yorker Grand Central Station und begaben sich kurz darauf ins nahe gelegene Grand Hyatt Hotel. Um 7.12 Uhr brach der Mob in donnernden, 15 Sekunden anhaltenden Applaus aus und löste sich dann blitzartig auf. Der Gedanke dahinter: Die Stoßtrupps stören Ordnung und Normalität. En passant wurde aber auch mit Erfolg geprobt, sich via Internet zu organisieren. Manche Veranstalter von Flashmobs haben mittlerweile sogar einen festen Abostamm und üben regelmäßig. Daraus werden dann YouTube-Filmchen, die wieder andere anstiften.

Der US-Psychologe Howard Rheingold billigte den von ihm abweichend »Smart Mob« genannten Menschenaufläufen bereits früh politisches Potenzial zu (www.smartmobs.com). Als Beispiel nannte er die Philippinen, wo die Mobs im Jahr 2001 zum Sturz des unter Korruptionsverdacht stehenden Präsidenten Joseph Estrada beigetragen haben. Wo immer der umstrittene Politiker auftauchte, organisierten die Smart Mobber blitzschnell Demonstrationen, bei denen Tausende schwarz gekleidete Protestierende erschienen.

In Deutschland fand der bis dato wohl größte Flashmob im September 2007 statt, der sich gegen die Bahnprivatisierung richtete. In mehr als 50 Städten versammelten sich auf Bahnhöfen mehr als 2000 Menschen. Sie machten nicht nur Lärm, sondern irritierten die unbeteiligten Zuschauer auch mit Schildern, auf denen »183 = 13« stand, eine Gleichung, die offensichtlich nicht aufging. Für die Organisatoren vom Bündnis »Bahn für alle« war es aber die Formel für die Verschleuderung der Bahn. Wert sei die Bahn das Vermögen von 183 Milliarden Euro, der Verkaufserlös solle aber nur 13 Milliarden Euro betragen.

Selbst Traditionalisten wie die Gewerkschaften haben die Flashmobs als Kampfmittel entdeckt. Während eines Tarifstreits im Jahr 2007 rief die Gewerkschaft ver.di eigene Mitglieder und Unterstützer dazu auf, massenhaft Artikel für wenige Cents in den Einkaufswagen zu packen und dann im Kassenbereich stehen zu lassen, statt zu bezahlen. So wurde beispielsweise ein Supermarkt der

Lebensmittelkette Rewe in Berlin regelrecht lahmgelegt. Ähnliche Aktionen gab es auch in Drogerien und Kaufhäusern. Die so heimgesuchten Unternehmen wehrten sich juristisch, verloren aber vor dem Bundesarbeitsgericht. Die Unternehmen sollten ihren Laden einfach vorübergehend dichtmachen, rieten die Richter und billigten so im gleichen Atemzug die Flashmobs als neue Aktionsform im Arbeitskampf.

Wenn eine solche Meute anrückt, klingt das bedrohlich. Aber es gibt auch Ladenbesitzer, die sich freuen, wenn ein Mob anrückt. Das sind diejenigen, die für einen Carrotmob auserkoren wurden. Bei einem Carrotmob schließen sich umweltbewusste Verbraucher zusammen und sichern derjenigen Firma Umsätze zu, die sich am klimafreundlichsten verhält. Man hält ihnen also die berühmte Möhre vor die Nase: die Aussicht auf einen exorbitanten Tagesumsatz. Zuckerbrot statt Peitsche, mit Kaufkraft zum Klimaschutz, das sei besser als Boykott, findet Brent Schulkin aus Kalifornien, der Erfinder der Bewegung. 2008 war Premiere in San Francisco.

Mittlerweile schwappte die Bewegung über den großen Teich. In vielen deutschen Städten wurden schon Läden gestürmt und kräftig eingekauft. Philipp Gloeckler, ein smarter Anhänger des grünen Konsums, jagte in Berlin im Juni 2009 die erste »gute« Meute los: Ein Kiosk in Kreuzberg nahm in drei Stunden rund 2000 Euro ein – mehr als sonst in drei Tagen. Das Gros des Geldes floss in eine energiesparende Kühltruhe. Warum die Leute mitmachen, erklärt Gloeckler mit der Mischung aus Event und Engagement. Man findet sich im Internet zusammen, man trifft sich zu einer fixen Zeit im Laden und macht auch gleich noch eine Party draus. Gleichgesinnte zu treffen, das macht diese Flashmobs besonders interessant, und womöglich ist es gerade dieser Gemeinschaftsgeist, der die neue Bewegung der Netzaktivisten auszeichnet. Wie lange man der einen Sache treu bleibt, ist eine andere Frage.

Heutzutage soll es spontan und unkompliziert sein. An einem Flashmob – egal welcher Art – kann man punktuell teilnehmen und ist dann wieder weg. Eine Bindung auf Lebenszeit ist also nicht nötig, vielmehr die Lust, ein Instrument auszuprobieren und dann ein anderes. Diese Flexibilität leisten sich die Menschen nicht nur bei Aktionsformen, sondern auch bei Themen. Mal geht es um Frieden, mal um Tierrechte, mal um Datenschutz oder Globalisierungskritik. Das mag sich sprunghaft anhören, speist sich aber aus dem verzweifelten Gefühl der Menschen, dass all diese Probleme sonst ungelöst liegen bleiben.

Im Prinzip geht es um einen Flirt mit der Politik, nicht um eine Ehe. Welchen Grad an Aktivität man an den Tag legt, bleibt einem selbst überlassen. Die einen protestieren per Klick, die anderen wollen selber was auf die Beine stellen. Für beide gilt: Das Internet gibt den Nutzern die Mittel in die Hand, etwas zu tun und sich »da oben« Gehör zu schaffen.

Zeit und Budget bleiben überschaubar, wenn auch meiner Beobachtung nach vielfach zu wenig beachtet wird, dass es nicht reicht, nur etwas hinauszuposaunen. Mitstreiter wollen in der Regel im Web auch plaudern und Antworten auf ihre Fragen – das Internet ist ein Feedbackmedium, kein Einwegkanal. Wer nicht täglichen Austausch wünscht, sollte zumindest ein Gästebuch einrichten.

Am bedeutsamsten ist für mich, dass selbst Einzelpersonen dank des Internets in der Lage sind, aus dem Stand heraus beeindruckende Aktionen und sogar Kampagnen zu stemmen. Und binnen kürzester Zeit Heerscharen von Unterstützern zu mobilisieren. Prototypisch ist dafür der Fall von Franziska Heine und ihr Duell mit der ehemaligen Bundesfamilienministerin Ursula von der Leyen (CDU). Die 29-jährige Berlinerin hatte im Mai 2009 auf der Webseite des Bundestags die Onlinepetition »Keine Indizierung von Internetseiten« eingebracht, die sich gegen das vom Bundeskabinett beschlossene Gesetz zur Eindämmung von Kinderpornografie im Netz richtete. In wenigen Tagen unterzeichneten 67 000 Menschen die Petition und bildeten so in Rekordzeit die kritische Masse, bei der sich der Petitionsausschuss des Parlaments mit dem Antrag befassen muss. Onlinepetitionen sind eine Möglichkeit für Bürger, Missstände und Gesetzeslücken aufzuzeigen. Die meisten Begehren erreichen nur wenige Hundert Stimmen. Heines Aufruf verbreitete sich jedoch blitzschnell über E-Mails, Twitter und Blogs.

Dabei war die wütende Netzgemeinde wenig zimperlich und erklärte die Ministerin zur »Zensursula«, der Name haftet ihr bis heute an. Umgekehrt denunzierten Politiker die Unterstützer der Petition als Kinderpornofans.

Die netzaffine Gemeinde argumentierte, dass die einmal etablierte Technik schnell zur Sperrung weiterer Webseiten genutzt werden könnte – und auf die Aussicht von massenhafter digitaler Zensur reagiert das Gros der Internetfans allergisch. Zumal sachlich gut begründete Alternativen auf dem Tisch lagen. Statt die Seiten lediglich hinter einem Stoppschild zu verbergen, könne man sie einfach löschen.

Am Ende gipfelte der Protest in der erfolgreichsten Petition, die jemals an den Bundestag gestellt worden ist. 134015 Menschen unterschrieben gegen das geplante Gesetz. Am 22. Februar 2010 wurde Franziska Heine als Hauptstellerin der Petition im Bundestag gehört und widerlegte zahlreiche Argumente der Netzsperrenbefürworter.

Zwar gab es zunächst einen Rückschlag, weil die rotschwarze Regierung das Gesetz im Juni 2009 trotzdem verabschiedete. Allerdings kündigte danach die neue Justizministerin Sabine Leutheusser-Schnarrenberger (FDP) an, dass es nicht angewendet werden soll. Derzeit wird an einem neuen Gesetz gearbeitet, das Löschen statt Sperren vorsieht. Die Staatsmacht folgt also der Internetrebellin Franziska Heine. Grund für ein gewisses Siegerstrahlen, wie ich finde.

Natürlich kümmern sich hier Online-Aktivisten um die eigenen Belange – und das mit einem Elan und einer Effizienz, die ihresgleichen suchen. Aber es zeigt doch, welche Macht Cyberprotest potenziell entfalten kann. Und wie aus einem winzigen Ich ein gewaltiges Wir erwachsen kann. Mich hat sehr amüsiert, dass selbst alte Revolutionäre wie Venezuelas Staatschef Hugo Chavez sich inzwischen im Internet tummeln und sogar twittern. Flott schickte er auch gleich noch eine Botschaft an seinen kubanischen Kampfgefährten Fidel Castro, er möge sich ihm anschließen. Revolution finde »in allen Räumen« statt.

Wohlgemerkt macht der Webwiderstand den herkömmlichen Straßenprotest nicht überflüssig. Das Internet ist kein Heilsbringer, sondern ein interessanter neuer Hebel. Im besten Fall werden virtueller und realer Protest kombiniert, flankiert und verstärkt eins das andere. Das weiß auch die Netzgemeinde. Im September 2009 liefen Zehntausende durch Berlin, um unter dem Motto »Freiheit statt Angst« gegen Onlinedurchsuchungen, Datensammelwut und Internetsperren zu demonstrieren. Von täppischer Weltfremdheit, die Internetfreaks gemeinhin unterstellt wird, war nichts zu spüren. Irres Technikkauderwelsch war ebenfalls nicht zu hören, sondern eine klare Parole.

Der Netzaktivismus ist inzwischen aus den Kinderschuhen heraus und so weit entwickelt, dass er für eine Hauptstadtkonferenz taugt. Strotzend vor Selbstbewusstsein präsentierten Theoretiker und Praktiker in Berlin auf der »re:campaign« im April 2010 die besten Beispiele für Protest im Netz. Die Lust, mit anderen zu teilen, »Sharing« genannt, zeichnet diese Community aus. Daniel Kruse, einer der Organisatoren, weist zu Recht darauf hin, dass es darum ging, sich etwas abzugucken. Was in der Schule verpönt ist, ist hier angesagt: Spicken. Gerade kleineren und lokalen Gruppen rät er zu dieser Methode. Die Zeit der Stunts – der One-Hit-Wonders – hält Kruse für vorbei. »Im Netz schnell was machen ist out«, sagt er, es ginge darum, Strategien und längerfristige Pläne zu entwickeln, um Themen nicht nur auf die politische Tagesordnung zu bringen, sondern auch durchzusetzen. Das ist nicht neu. Einen solchen Lernprozess haben viele vergangene Protestgruppen durchgemacht. Faktisch geht es darum, sich zu professionalisieren, das Netz aber bei jedem noch so kleinen Aufstand von Anfang an mitzudenken. Wahrlich kultiviert haben diesen Gedanken Mitmachplattformen wie Campact, die Netz und Straße geschickt paaren.

Campact ist die wohl pulsierendste Internetplattform für politischen Protest hierzulande. Gut 200 000 Mitglieder beteiligen sich auf unterschiedliche Weise an thematisch gut fokussierten Kampagnen, durch Spenden, Onlineunterschriften oder die Teilnahme an realen Aktionen. Häufig setzen sich die Menschen zuerst per Mausklick für eine bessere Welt ein, überspringen dann die Hürde und trauen sich auf die Straße, was wesentlich mehr Mut erfordert. Welcher Prozentsatz das ist, hat Campact inzwischen experimentell ausgelotet (siehe Interview Christoph Bautz). Auch ich bin dort aktiv, um mich gelegentlich einfach anzudocken und nicht alles allein stemmen zu müssen.

Ähnlich wie Campact funktioniert das Onlinenetzwerk Avaaz – im Vergleich zu Campact sogar ein virtueller Flugzeugträger, was die Größe angeht. Avaaz operiert in 14 Sprachen, von Portugiesisch bis Koreanisch, über drei Millionen Aktive sind es nach eigenen Angaben weltweit. Fokus war zunächst der Klimawandel. Nach Kopenhagen musste aber etwas Neues her. Jüngst hat sich Greenpeace mit der Onlinemaschine zusammengetan, um eine Million Unterschriften für ein gentechnikfreies Europa zu sammeln. Sicher liegt der Erfolg bei Avaaz in der Zahl der Klicks, ob der Druck für eine reale Veränderung reicht, muss sich noch zeigen. Campact dagegen hat bereits nachweisbare Erfolge erzielt, etwa das Verbot des Genmais Mon 810 auf deutschen Äckern, für das Landwirtschaftsministerin Ilse Aigner von Campact-Aktiven regelrecht verfolgt wurde. Ehrlich gesagt ist es für mich wichtig, auch Erfolge zu verbuchen. Von Märtyrertum halte ich nicht viel.

Beide Plattformen sind von der US-amerikanischen Organisation MoveOn.org inspiriert. Was als internetbasierte Opposition gegen die Politik der Republikaner und den Irakkrieg begann, wurde zum Königsmacher im letzten US-Wahlkampf. MoveOn.org war von genervten Bürgern gegründet worden, die dazu aufriefen, sich endlich wieder mit Politik zu beschäftigen und Präsident Bush in die Schranken zu weisen. Am Ende wurde daraus ein Netzwerk mit heute fünf Millionen Menschen, die lautstark »Hallo, Politik!« sagen. Solchen Zahlen eifert der deutsche Ableger Campact durchaus nach.

Nüchtern betrachtet bleiben bei Campact und Avaaz aber die Macher der Plattformen die Häuptlinge, die bestimmen, wo es langgeht. Wer mehr will und seine eigene Kampagne starten möchte, kann seit neuestem unter der Flagge von Greenpeace oder der alternativen Tageszeitung *taz* segeln. Beide haben im Netz Communities für Weltverbesserer gestartet. »GreenAction« und die »Bewegungsseite« funktionieren wie ein Schaukasten, in dem man seinen persönlichen Aushang platzieren kann. Man kann getrost sagen, dass der Glaskasten an belebter Stelle steht, denn sowohl Greenpeace als auch die *taz* sind bekannte Dachmarken für Protest und sichern ein hohes Maß an Aufmerksamkeit für jeden Einzelnen, der sich dort zeigt. Nicht zu vergessen sorgen sie auch für den Ruch von Radikalität. Denn was atmen Greenpeace und die *taz*-Bewegungsseite? Wohl so etwas wie: Hier treffen sich diejenigen, die wirklich auf die Barrikaden steigen. Die Rudi Dutschkes und Rosa Luxemburgs von heute.

Praktisch gesehen nehmen diese Plattformen – und die Webmanager dahinter – den Nachwuchs-Aktivisten viel technischen Klimbim ab, so dass der Onlinestart raketengleich machbar ist. Man wünschte sich gerade bei Greenpeace allerdings, dass der Gedanke der Ausbildung noch stärker betont würde. Wünschenswert wäre, dass dort die ultimativen Regeln für den knackigsten Bannerspruch oder das beste Aktionsbild preisgegeben würden. Am liebsten hätte ich sogar eine Art Aktionskaufhaus auf GreenAction, wo ich etwa mit eigenen Parolen bedruckte Banner bestellen kann oder 100 Protestshirts für meine Unterstützer. Aber das kann ja in Zukunft noch kommen.

Mir ist jedoch klar, dass es momentan in erster Linie um Rückendeckung geht. Wer womöglich mit seinem Protest gegen eine neue Schnellstraße im tiefsten Brandenburg sitzt, von den örtlichen Medien totgeschwiegen und den Lokalpolitikern nicht ernst genommen wird, der weiß diesen Rückhalt sicher zu schätzen. GreenAction startete mit 50 ausgewählten Kampagnen, bis Mitte Mai 2010 registrierten sich über 6 000 Aktivisten, die meisten mit eigenen Kampagnen, so dass man gelegentlich den Überblick verliert. Die gute Nachricht ist: Es summt wie im Bienenkorb. Es gibt also genug Ärgernisse von so unglaublichem Ausmaß, dass Menschen aktiv werden.

Ich war selbst eine der Startkampagnen auf GreenAction und bin bis heute dabei. Angelehnt an meinen grünen Mode-Blog fordere ich »Ehrliche Etiketten«, die Kleiderkäufern wirklich offenbaren, wie und wo produziert wurde. Etiketten sind der angestammte Platz für Informationen über Kleidung. Bislang steht dort aber nichts, außer der einen knappen Information, aus welcher Faser die Kleidung besteht. Angaben wie »100 Prozent Baumwolle« verhüllen aber all die Unbekannten wie Farbstoffe oder Flammschutzmittel, die auch noch drinstecken. Auf der Plattform GreenAction habe ich für mein Ringen um gläserne Produkte in kurzer Zeit viel Zuspruch geerntet, was mich weiter anspornt. Solche Plattformen sind eine vielversprechende Option für viele Solo-Aktionisten wie mich, denn sie ermöglichen, Verbündete zu finden.

Manchmal reicht das aber nicht, das sei hier nicht verhehlt. Bei Tchibo bin ich als Einzelne sehr weit gekommen, bei Bankchef Nonnenmacher nicht. Meiner Analyse nach liegt das an den Forderungen, die ich gestellt habe. Tchibo habe ich aufgefordert, Kunden ehrlicher zu informieren und fairer zu produzieren. Nonnenmacher habe ich gleich um die stolze Summe von 2,9 Millionen Euro erleichtern wollen.

Tchibo hat es nicht viel gekostet, mir einen Gefallen zu tun. Es hätte sie viel mehr gekostet, mir nicht entgegenzukommen. Denn ein Konzern ist existenziell abhängig vom Wohlwollen seiner Kunden. Nonnenmacher dagegen kostete ein Entgegenkommen viel. Nämlich Millionen – und das ist zugegeben eine ganze Stange Geld. Er ist nicht auf die Sympathie der Hamburger Steuerzahler angewiesen, der Zorn der Bürger berührt ihn nicht.

Hier gilt es andere Akteure zu mobilisieren. Müsste er nämlich Angst um seine Stelle haben, sähe alles schon anders aus. Und seine Chefs sind bei einer Landesbank eben die Landespolitiker. Nonnenmacher kann man – so meine aktuelle These – vermutlich nur über seine Vorgesetzten beikommen. Meine Verbündeten finde ich nicht auf einer Plattform, sondern in den Parteien. Es ist aber auch möglich, ein ganz neues Zielsystem zu finden. Denkbar ist beispielsweise, für eine Gesetzgebung zu kämpfen, die solche Boni wie die von Herrn Nonnenmacher unmöglich macht oder zumindest begrenzt. Was ich jetzt tue, nennen Aktivisten eine rollende Planung. Es ist nie eine Schande, auch eigene Mängel zu bekennen. Ich spiele einfach den Ball in ein neues Feld, und das Spiel kann weitergehen.

Warum ich weitermache? Weil die Deals von Herrn Nonnenmacher das Sittengemälde eines Berufsstandes zeichnen, der das Leben dieser Tage nachhaltig beeinflusst, und ich das nicht hinnehmen will. Und weil es in einer Demokratie ganz selbstverständlich sein sollte, für seine Überzeugungen öffentlich einzustehen.

Merke

Das Internet ist kein Heilsbringer, aber ein wirksamer neuer Hebel für Protest. Selbst Einzelne sind dank des Netzes in der Lage, beeindruckende Aktionen und selbst Kampagnen zu stemmen, weil sich sehr schnell Heerscharen von Unterstützern mobilisieren lassen. Gut sind Proteste, die die Online- und Offline-Aktionen verknüpfen. Wer sich andocken möchte, kann sich auf bestehenden Aktionsplattformen präsentieren. Dort findet man Verbündete und – sicher nicht zu unterschätzen – Gemeinschaftsgeist und Nähe.

Mehr zum Thema

Wie organisiere ich einen Carrotmob: http://www.carrotmob.org/organize; http://www.carrotmobberlin.com/diy-anleitung-zum-selbermachen

Plattform für Flashmobs: www.flash-mob.de

Vorträge der re:campaign in Berlin: www.recampaign.de

Mitmachplattformen: www.moveon.org (Englisch); www.avaaz.org/de; www.campact.de; http://bewegung.taz.de; http://beta.greenaction.de

Christoph Bautz über das Internet als Mobilisierungsmaschine

Christoph Bautz ist einer der Gründer der Aktionsplattform Campact, die seit 2004 im Internet zu Kampagnen aufruft. Viele nutzen diese Chance – bei Campact sind es mittlerweile über 200 000. Doch die Aktionen verpuffen wirkungslos, wenn sie nicht mit klassischem Straßenprotest verknüpft werden. Warmgelaufen hat sich Christoph Bautz als Umweltschützer beim BUND und als Globalisierungskritiker bei Attac. Bautz hat reichlich Überzeugungen und offenbar politisches Geschick darin, zur richtigen Zeit in der richtigen Bewegung

Christoph Bautz, einer der Gründer der Aktionsplattform Campact

zu sein. Im Gespräch wirkt er nachdenklich und ruhig, er ist geduldig und zäh. Bautz ist ein Weltveränderer, aber ein pragmatischer – was kein Nachteil sein muss. Er redet manchmal wie ein Alter, obwohl er mit seinen 37 Jahren noch vergleichsweise jung ist.

Was ist der beste Protest aller Zeiten gewesen?

Jenseits von Campact hat mich 2003 die Großdemonstration von 500 000 Menschen in Berlin gegen den Irakkrieg beeindruckt. Da war etwas Typisches passiert. Der Friedensbewegung, die über die Jahre eingeschlafen war und am Boden lag, wurde durch ein aktuelles Ereignis neues Leben eingehaucht. Viele junge Leute, die noch nie aktiv waren, und solche, die früher aktiv waren, wurden wieder auf die Straße geholt. Das ist die Zielgruppe von Campact: Leute, die punktuell aktiv werden wollen. Das zeichnet Protest von heute generell aus: Menschen binden sich nicht mehr so fest, stehen nicht mehr mit ihrer gesamten Identität für etwas ein, umgeben sich nur mit entsprechenden Freunden, kleiden sich typisch, sondern sind sprunghaft und entscheiden punktuell, wofür sie sich engagieren. Der Nachteil liegt auf der Hand, und so passierte es auch in Berlin: So schnell, wie es kam, war es auch wieder vorbei. Will meinen, es braucht immer noch beides: Leute, die mal auf die Straße gehen, und institutionelle Kerne, die die Demo ermöglichen und den Protest weiterspielen, damit er nicht wieder abebbt.

Woran du dich erinnerst, sind bettlakengroße Banner. Die schiere Größe hat dir also imponiert.

Ja, die Masse zählt. Das ist die Form von Politik, die einen Unterschied macht. So wie die Zehntausenden, die am 15. September 2009 zur Anti-Atom-Demo in Berlin kamen.

Diese Leute waren sichtbar auf der Straße. Wie wichtig ist das?

Sichtbarkeit im realen Raum ist zentral. Es bringt selten etwas, nur im Internet Appelle oder Petitionen zu starten, sondern das muss intelligent verknüpft sein mit dem, was auf der Straße passiert, was Bilder erzeugt, Medienberichte auslöst oder wo man mit einem Politiker direkt ins Gespräch kommt oder in Konfrontation geht. Aktionen online und offline müssen ineinander verschränkt sein. Das Internet senkt dabei die Schwelle zum Protest entscheidend, und vielleicht wird in Zukunft auch noch mehr via Netz stattfinden. Nach meiner Beobachtung findet Politik aber konkret über die Interaktion von Menschen statt. Wir brauchen realen Disput, reale Debatten. Ein Beispiel: Selbst wenn wir direkt nach der Bundestagswahl einen offenen Brief gegen die Nutzung der Atomenergie im Internet veröffentlichen, den in drei Wochen 110 000 Menschen unterzeichnen, dann stellen wir das real dar. Wir haben alle Unterschriften in Umschläge gesteckt und die an eine Wäscheleine gehängt. Als die Politiker zu den Koalitionsverhandlungen zusammenkamen, haben wir den Bereich mit der Leine und den Briefen umspannt. Das Bild schaffte es in die »Tagesschau« – und darüber entsteht Wirkmächtigkeit.

Gab es auch einen Konflikt, der ja offenbar essenziell ist?

Nein, hier entsteht über die Bande gespielt Druck auf Politiker, weil die merken, dass ein Thema die Menschen erregt und sie womöglich an der Wahlurne ein Problem bekommen. Alternativ adressieren wir aber direkt die Politiker und erklären, dass es so und so viele Menschen im Land gibt, die von ihnen erwarten, dass sie das und das tun. So haben wir das bei Landwirtschaftsministerin Ilse

Aigner gemacht. Kurz vor der Entscheidung über ein Verbot von Genmais MON 810 haben wir uns an ihre Fersen geheftet – im Auftrag von über 50 000 Campact-Aktiven, die einen Appell im Netz unterzeichnet hatten. Wo die Ministerin auch auftrat, erwarteten sie jeweils ganz bodenständige Leute aus der jeweiligen Region, die durchaus ihre Wähler sein könnten. Alle sagten ihr, wir wollen keinen Genmais auf unseren Feldern. Mit einer rückwärtslaufenden Uhr machten wir ihr deutlich, wie viele Tage, Stunden, Minuten und Sekunden ihr für ein Verbot von Genmais blieben. Der CSU-Politikerin wurde über Wochen klar, dass sie besser Bürger- und nicht Konzerninteressen vertreten sollte. Tatsächlich wurde der Mais verboten.

Es war auch der richtige Moment für die Aktionen. Es war absehbar, dass sie den Genmais verbieten würde.

Aber wir haben es erst zu einer Entscheidung gemacht. Der Mais war schon lange erlaubt und stand auf den Feldern. Wir haben mit anderen gemeinsam eine Situation geschaffen, wo es eine Entscheidung geben musste. Vorher sind wir bereits Herrn Seehofer im bayrischen Landtagswahlkampf hinterhergereist. Der bayerische Ministerpräsident ist ein dankbarer Gegner, er geht nie durch den Hintereingang rein, sondern stellt sich der Diskussion. Wir haben vorher analysiert, dass die CSU sich keine unklare Gentechnikpolitik leisten kann. Und so war es dann auch.

Analyse und Strategie spielen eine bedeutsame Rolle. Wie viele Entscheider gibt es bei euch, die das können?

Bei Campact sind das die drei Geschäftsführer und die drei Campaigner plus ein Pressesprecher, also ein Team von sieben Personen, die sich regelmäßig treffen und analysieren, wo die schwächste Stelle des Gegners ist, welches Argument nach vorne gestellt werden muss, weil es am meisten zieht. Wir fragen aber auch unsere Mitmacher. Beim Thema Gentechnik haben wir im Netz Slogans entwickeln lassen. Es kamen sage und schreibe 700 Vorschläge, die dann auch von den Aktiven bewertet wurden. Sieger war: »Mit dem Essen spielt man nicht«, was die zentrale Gefahr von Gentechnik symbolisiert: Einmal freigesetzt, sind gentechnisch veränderte Organismen nicht mehr rückholbar. Diese Nichtrückholbarkeit haben wir mit Tausenden Luftballons verbildlicht, die in den Himmel über einem Genfeld in Bayern aufstiegen. Wir hatten auch eine Seehofer-Puppe, die versucht hat, die Ballons wieder einzufangen – natürlich vergeblich.

Woher kanntet ihr das Feld? Habt ihr eine Rechercheabteilung? Dahinter stecken doch enorme Suchleistungen.

Das ist natürlich Bündnisarbeit. In Kitzingen, wo das Feld lag, gab es eine starke gentechnikkritische Bewegung – die wussten genau Bescheid. Grundsätzlich sind Bündnisse wichtig, weil uns keiner glaubt, dass wir echte Experten für alles sind – für Kohlekraft und Gentechnik,

Softwarepatente, Bahnprivatisierung oder Gesundheitsreform. Wir werden nur ernst genommen, weil wir Partner mit entsprechendem Wissen haben. Umgekehrt stellen wir sicher, dass sie auch in den Medien sind, und betonen ihre Leistung auf der Pressekonferenz vor der Aktion. Wir sind die Brücke.

Beispiel Kohlekraft: Bei der Deutschen Umwelthilfe gab es einen guten Gesetzesentwurf, den wir sehr einfach heruntergebrochen haben. Das Geniale war dann die totale Reduktion. Als uns der ehemalige Umweltminister Sigmar Gabriel daraufhin ein Gespräch anbot, haben wir den Rechtsexperten der Deutschen Umwelthilfe natürlich ins Ministerium mitgenommen.

Um an einem Strang zu ziehen, müssen alle Abstriche bei ihrer Eitelkeit machen. Harte Arbeit, oder?

Gerade in der Umweltbewegung gibt es eine weitverbreitete Furcht, bei Kooperationen selbst zu kurz zu kommen – etwa weniger Spenden einzuwerben als andere oder zu wenig öffentlich wahrgenommen zu werden. Es ist ein offenes Geheimnis, dass es in der Umweltbewegung geradezu Gedränge gibt, was die Zahl der Akteure angeht. Euronatur, Naturschutzring, Greenpeace, Umwelthilfe, Robin Wood. Uns ist es wichtig, trotzdem handlungsfähige Bündnisse entstehen zu lassen. Wir lassen unseren Partnern gerne auch öffentlich den Vortritt.

Tatsache ist, dass ihr ein interessanter Bündnispartner seid, weil ihr eine Fülle charmanter Protestideen entwickelt. Offenbar habt ihr Personen gefunden, die das besonders gut können. Was zeichnet sie aus? Anders gefragt: Was muss man können, um erfolgreich zu sein?

Vieles zählt. Zuerst politische Analysefähigkeit. Wissen, welche Themen gerade bedeutend sind, und selbst trockene Materie dann anschaulich machen können, dabei einfach, aber nicht falsch sein. Aktionen und Bilder entwickeln und gut schreiben können. Öffentliches Auftreten ist ebenso wichtig, um vor der Presse bestehen zu können. Und natürlich muss man Konflikte mit Politikern aushalten können, sprich eine gewisse Streitlust mitbringen.

Flexibilität gehört dazu, weil man sich spontan in neue Themen eindenken muss. Und manchmal nur 24 Stunden hat, um eine Kampagne aus dem Boden zu stampfen. Selbst unternehmerisches Kalkül ist gefragt. Wie viele Menschen brauche ich für eine 120 Kilometer lange Kette, was wird das kosten, kann das klappen?

Campact ist zwar kreativ im Kollektiv, generell sind aber einzelne Personen zentral für Protestbewegungen, oder?

Der Erfolg sozialer Bewegungen hängt immer wieder stark an Einzelnen. An charismatischen Personen und Visionären, die andere hinter sich vereinigen. In Frankreich gab es etwa Susan George oder Bernard Cassen, die Zugpferde der globalisierungskritischen Bewegung waren. So was fehlt in Deutschland leider.

Das gilt für die Anführer. Gleichzeitig muss, wer protestieren will, nicht die Person sein, die alles kann. Man kann sich auch einfach andocken.

Genau, das ist im Prinzip die zentrale Idee von Campact. Wenn du zwei Minuten aufwendest, um bei Campact was zu lesen und zu entscheiden, ob du dahinterstehen willst, machst du einen Unterschied. Wir spiegeln den Leuten das auch immer wieder zurück, dass ihr Engagement nicht verpufft. Wir schreiben denen, die spenden oder dabei waren: Seht her, unsere Aktion war im Fernsehen, in der Zeitung – das, was du gemacht hast, zählt. Egal, ob du gespendet hast oder persönlich dabei warst.

Es braucht also beides: Einzelne, die Ideen haben, und auf der anderen Seite viele, die sich dahinterstellen. Den Grad des Engagements kann jeder selber wählen.

Nach dem Scheitern des Klimagipfels in Kopenhagen hieß es vielfach, die Politik habe versagt, jetzt müssten sich die Menschen engagieren. Was hält die Leute ab?

Eins sind sicher die fehlenden Angebote. Hier gehen wir mit Campact rein und machen den Menschen mithilfe des Internets ein einfaches und schnelles Angebot. Für den Einzelnen ist es eine hohe Schwelle, ein Plakat zu malen und zehn Freunde einzuladen. Und dann zur Vattenfall-Zentrale zu gehen und gegen Atomstrom zu protestieren. Wir organisieren den Protest ein Stück weit vor. Wer zuerst nur einen Appell unterzeichnet hat, traut sich irgendwann vielleicht, selber mitzukommen. Beim »Tanz des Todes« vorm Bundeskanzleramt gegen verlängerte AKW-Laufzeiten waren 200 Leute dabei.

Das ist wahrscheinlich ein Bruchteil derer, die vorher im Internet gegen die Verlängerung der Laufzeiten abgestimmt hatten, oder?

Stimmt. Wir hatten zu der Zeit 170 000 Leute, die den Newsletter abonniert hatten. Jeder zweite von denen hat einen offenen Brief an Kanzlerin Merkel unterzeichnet. Bei einer Sache, die richtig zieht, ist das die Quote, die wir eigentlich immer erreichen. Immerhin 12 000 Menschen spenden für Aktionen von uns. 10 000 Aktive hatten wir direkt angeschrieben, weil sie sich für Atomthemen interessieren, und gefragt, ob sie mitkommen. Ist ja nicht für alle ein Leib- und Magenthema. 200 sind dann dabei gewesen, und das ist viel für einen Morgentermin. Termine zwischen 17 und 19 Uhr sind einfacher – für diejenigen, die arbeiten, und auch für die, die Familie haben und zum Abendessen wieder da sein wollen. Aber für die Presse ist abends ungünstiger, da schlagen zwei Herzen in unserer Brust.

Welche Rolle spielt der Zeitaufwand generell?

Zeit ist sehr limitierend. Viele Leute sind stark verplant, haben sich schon oft vorgenommen, auf die Straße zu gehen, aber dann kamen Termine dazwischen. Umgekehrt entscheiden die Leute heute sehr viel kurzfristiger und sind auch am Morgen der Aktion noch zu mobilisieren.

Viele sagen, Protest bringt nichts. Wie wichtig ist nachweisbarer Erfolg?

Für uns ist das zentral. Aber bis zu einem gewissen Grad sind die Menschen auch bereit, politischen Misserfolg zu akzeptieren. Die Demo in Berlin gegen den Krieg war ein Erfolg, auch wenn der Krieg angefangen hat. Die Leute haben das trotzdem als gelungen abgebucht. Manchmal unterschätzt man aber auch, was möglich ist. Das Verbot des Genmais MON 810 habe ich anfangs für unrealistisch gehalten, und es klappte doch. Wir sagen aber auch ehrlich, wo wir stehen. Das kommt gut an, und wir bieten immer Neues an, um spannend für unsere Mitmacher und Spender zu sein. Der Innovationszwang ist immens.

Was möchte Campact noch erreichen, wovon träumt ihr?

Wir möchten in einer Liga mit der US-Organisation MoveOn.org spielen, die fünf Millionen Menschen im Verteiler hat und die die Königsmacher im letzten US-Wahlkampf waren. So viele Menschen zu mobilisieren ist beeindruckend. Und von den Strategien lässt sich noch was lernen.

Hört sich nach Reißbrett an. Lässt sich Protest lernen?

Ja, aber zu wenig Nichtregierungsorganisationen und auch einzelne Bürger gucken sich etwas ab. Und umgekehrt planen wir bei Campact bisher alles von oben nach unten durch. Künftig wollen wir uns noch mehr von draußen inspirieren lassen – und die besten Ideen anderer dann über unsere Plattform weitergeben. Vielleicht auch das Aktionsmaterial ausleihen, also Kostüme oder Atommüllfässer, um die technischen Hürden für viele Menschen entscheidend zu senken.

Jeder kann also ein Produzent von Politik sein. Wie viel Sprengkraft kann diese Idee hierzulande entwickeln?

Ich bin kein Orakel, und die Vorstellung, dass jeder nur sein eigenes klitzekleines Leib-und-Magen-Thema verfolgt, behagt mir nicht wirklich. Ein Fokus auf Themen, die gerade zur Entscheidung anstehen und wo wir mit vielen gemeinsam etwas erreichen können, finde ich eigentlich die überlegenere Idee. Und da dann dranbleiben, bis es gewonnen ist. Mich interessieren vor allem die Themen, die einen hohen Verankerungsfaktor haben und das Zeug, eine ganze Gesellschaft zu packen.

Sex (and Gorillas) in the City

Worum ging es?

Als die Freundinnen das Metropolitan Museum of Art verließen, waren sie schockiert. Der New Yorker Kunsttempel zeigte 1985 eine Ausstellung der 183 bedeutendsten Künstler der Moderne – doch gerade einmal 17 davon sollten Frauen sein. Der Museumsbesuch wurde die Geburtsstunde der Guerrilla Girls, New Yorks gefürchteter feministischer Kunstpolizei. In Manhattan ließen die Aktivistinnen, die sich nach verstorbenen Künstlerinnen wie Käthe Kollwitz benannten, Plakate mit der provokanten Frage »Müssen Frauen nackt sein, um ins Metropolitan Museum of Modern Art zu kommen?« verteilen. Die ersten Auftritte absolvierten die Girls in sexy Miniröcken. Doch was hatten sie sich über den Kopf gezogen? Tatsächlich eine Gorillafratze.

Mit Witz und Ironie demonstrieren Käthe Kollwitz und Frida Kahlo gegen miese Frauenquoten und Rassismus im etablierten Kunstbetrieb. Sie entwerfen Plakate, schreiben Bücher, halten weltweit Vorträge – und immer tragen sie Gorillamasken. Bis heute weiß niemand, welche Köpfe darunterstecken. Motto: »Feminism – still work to do«.

Was hat es gebracht?

2010 feiert die Truppe ihr 25-jähriges Bestehen. Schon nach fünf Jahren habe sich dank Guerrilla Girls das Klima in der Metropole deutliche verbessert, attestierte ihr 1990 die renommierte *New York Times*. Das Whitney-Museum, regelmäßiges Gorilla-Opfer, hat den Prozentsatz der gezeigten Künstlerinnen gesteigert – eine Biennale ohne schwarze Künstlerin etwa wäre heute undenkbar. »Sicherlich geht das auch auf uns zurück«, sagt Kollwitz. »Wir haben feministischen Protest cool gemacht.«

Wie geht es?

Versteckt unter einer Gorillamaske lässt sich herrlich Quatsch anstellen. Masken machen jeden Protest zum Karneval – das weiß jeder Greenpeace-Aktivist, der einmal im Tigerkostüm auf dem Marktplatz stand, um auf bedrohte Tierarten hinzuweisen. Und der Vorteil liegt nahe: Wer sich verkleidet, braucht keine persönlichen Angriffe zu befürchten und macht es Autoritäten schwer, gegen ihn vorzugehen. Darauf setzen auch Clowns, die auf Demos für Entspannung sorgen und martialisch aussehenden Polizisten entgegentreten. Übrigens: In fast jeder Stadt gibt's einen Kostümverleih.

Hüllenlos schocken

Worum ging es?

Es ist ein Blutmeer. 200 Menschen liegen eng aneinandergedrängt auf dem Rathausplatz im Pamplona. Sie sind nackt, Kunstblut läuft an ihnen herunter. Die Aktivisten, zusammengetrommelt von der Tierschutzorganisation PETA, protestieren 2009 gegen die grausamen Stierkämpfe, die jährlich Touristen nach Spanien locken. Nackte haben bei PETA Tradition. Die Organisation hatte auch schon Supermodels bewegt, sich auszuziehen. Unter dem Motto »Lieber nackt als im Pelz« posierten die Schönen.

Und die Macher von PETA sind nicht die Einzigen, die auf den schamlosen Schockfaktor setzen. Seit einigen Jahren treffen sich weltweit Radfahrer zum »World Naked Bike Ride«, um splitternackt gegen schlechte Verkehrspolitik zu demonstrieren. Den Nackt-Protest perfektioniert hat der US-Künstler Spencer Tunick, der weltweit Nackte zu riesigen Körperwelten inszeniert. Für Greenpeace fotografierte er vor drei Jahren rund 600 Frauen und Männer auf dem Schweizer Aletschgletscher, die für den Klimaschutz die Hüllen fallen ließen. Und nicht zu vergessen ist natürlich die Berliner Kommune 1, Deutschlands berühmteste Wohngemeinschaft, die mit abgelichteten nackten Hintern in den 60er Jahren für Wirbel sorgte.

Was hat es gebracht?

Spanien hält zwar weiterhin an dem öffentlichen Tiergemetzel fest. Aber der Protest der Nackten ist mittlerweile fester Bestandteil des Spektakels geworden. Nacktheit schafft eben noch mehr Aufmerksamkeit als der verhüllte Normalfall. Das wissen vor allem auch Stars wie Baywatch-Girl Pamela Anderson oder Sängerin Christina Applegate, die sich für PETA ausziehen.

Wie geht es?

… muss nicht wirklich erklärt werden, oder? Aber Vorsicht, nackt zu protestieren verlangt extrem viel Selbstbewusstsein, einen gewissen Hang zum Exhibitionismus und gute Nerven gegenüber der Polizei, die das mancherorts gar nicht witzig findet. Irgendwie reizt es Sie trotzdem? Dann reihen Sie sich vielleicht erst einmal in eine Gruppenaktion ein. Auf der Internetseite von Spencer Tunick können Sie sich für den nächsten Fotoevent registrieren (http://www.spencertunick.com/sign_up.php).

Epilog

Die neuere Forschung zeigt, dass der Erfolg von Egoisten nur vorübergehender Natur ist und auf längere Sicht diejenigen besser abschneiden, die sich für das Wohl anderer einsetzen. Soziales und politisches Engagement zahlen sich also aus.

Es gibt sogar Studien, die davon ausgehen, dass diejenigen, die dem Gemeinwohl dienen, gesünder bleiben und länger leben. Der Gedanke dahinter leuchtet mir ein. Wer sich um andere sorgt, kümmert sich offenbar auch besser um sich selbst. Und es macht glücklich, Gutes zu tun.

Jenseits all dieser wissenschaftlich messbaren Vorteile für den Einzelnen ist Engagement aber auch ein bedeutsamer Baustein für Gesellschaften generell. Eine Gesellschaft, in der es viele Vereine, Stiftungen und Aktionsbündnisse gibt und damit eine bedeutsame Zahl von Menschen, die sich füreinander einsetzen, ist eine Gesellschaft, in der es sich gut leben lässt.

Das war für mich persönlich immer ein Grund, mein Leben mit Politik zu füllen. Emotionaler betrachtet kommt dazu, dass ich mich angesichts großer Probleme als kleiner Mensch weniger ohnmächtig fühle, wenn ich selber aktiv werde.

Das führt allerdings nicht immer zu geradlinigem Verhalten. So ähnlich, wie ein ansonsten schnurgerader Regenwurm sich gerne mal windet und krümmt bei seinem Weg durchs Erdreich, so zwitterhaft verhalten sich manche Aktivisten.

Meiner Beobachtung nach nehmen gerade viele beruflich Engagierte gerne mildernde Umstände für sich in Anspruch, wenn es um ihren eigenen Alltag geht. Zumindest überschätzen sie tendenziell ihre eigenen Leistungen, da sie ja für die richtige Sache unterwegs sind. Dazu zählen Klimaforscher, die zu Konferenzen jetten, genauso wie Waldschützer, die im Büro jedes Fitzelchen auf Papier ausdrucken.

Will meinen: Wer auf andere Druck ausübt, sollte auch seinen eigenen Lebensstil ändern. Oder anders gesagt: Wer für andere unbequem ist, sollte es sich selber nicht allzu bequem machen. Wie glaubwürdig ist jemand, der bei einem Umweltmagazin das Fahrradfahren propagiert und selber jeden Morgen den Weg in die Redaktion mit dem Auto zurücklegt? Wie authentisch ein Revoluzzer, der sich gegen Atomkraftwerke stemmt, selber aber keinen Ökostrom bezieht? Es geht eben nicht nur ums große Ganze, sondern auch um die kleinen Dinge des Alltags. Wer sich dem Klimaschutz verschrieben hat, sollte nicht mit dem Auto zur Demo fahren. Wer nach Gorleben fährt, sollte zu Hause selbstverständlich Energiesparlampen verwenden. Wer gegen Hungerlöhne in der Textilbranche protestiert, sollte Kleidung aus fairer Produktion tragen.

Ich plädiere nicht dafür, 150-prozentig sein, aber dafür, angemessenes Verhalten zu zeigen für das, was man repräsentiert. Manch einer wird sich erinnern, wie vehement der Linken-Politikerin und Kommunistin Sahra Wagenknecht das Essen einer edlen Languste vorgehalten wurde. Das mag kleinlich sein, ist aber ein Beleg, wie sensibel die Leute auf Lippenbekenntnisse reagieren, und wie wichtig es ist, als Aktivist authentisch zu sein. Im Falle Wagenknechts heißt das: Wer sich in extreme politische Ansichten versteigt, der muss sich gefallen lassen, daran gemessen zu werden.

Appelle an andere greifen einfach anders, wenn man als Vorbild glaubwürdig ist. Ich gehe ja nicht auf die Straße und prangere gierige Banken an, ziehe dann aber mein Geld nicht von einer solchen Übeltäter-Bank ab. Vermutlich haben aber längst nicht alle, die das Ende des Kapitalismus beschwören, ein Konto bei einer Bank, die nicht profitorientiert ist. Über allem Aktivismus gilt es also, sich selbst im Blick zu haben.

Manche Aktivisten sind sogar den umgekehrten Weg gegangen und haben zunächst ein persönliches Experiment gewagt, bevor sie eine Kampagne daraus abgeleitet haben. Der New Yorker Journalist Colin Beavan beispielsweise hat für ein Jahr seinen verschwenderischen Lebensstil gedrosselt, um möglichst wenig Kohlendioxid zu verursachen. Er verringerte seine Emissionen so weit, dass er tatsächlich zum »No Impact Man« wurde – so der Titel seines ökologischen Selbstversuches.

Faktisch – und das ist ein bemerkenswerter Weg – testete er das, was er als gesellschaftliche Vision vor Augen hat, zunächst am eigenen Leib und prüfte, ob es der Realität standhielt. Was er selber gemacht hat, empfiehlt er nun anderen Amerikanern – zunächst für eine Woche.

Seine »No Impact Weeks« sind meiner Meinung nach vor allem so erfolgreich, weil Beavan seine politische Idee mit eigenen Taten untermauert hat. Mir imponiert das sehr und unterstützt mein persönliches Fazit: Glaubwürdigkeit ist das wichtigste Kapital des Aktivisten.

Dank

Viele Menschen, die sich mutig für etwas einsetzen, haben mir großzügig Rede und Antwort gestanden: Marc Amann, Buchautor und Lehrer an der Bewegungsakademie in Verden/Aller; Irmela Mensah-Schramm und Toralf Staud, deren Thema der Rechtsextremismus ist; Sabine Werth und ihr Team, die die Armut in Berlin bekämpfen; Philipp Markhardt und die Redaktion des Fußballmagazins *11 Freunde*, die mir die Protestkultur im Fußball nahebrachten; die Schüler der Ida-Ehre-Gesamtschule in Hamburg und ihr Lehrer Markus Stobrawe, die mir ihre Pausen opferten; Zeina Al-Hajj und Jochen Vorfelder, die Greenpeace den Weg ins Internet bahnten; Andreas Bernstorff, der Jahre zuvor für diese Organisation auf klassischem Wege eine Kampagne gewonnen hat; Christoph Bautz von Campact und das Hamburger Team von Green Action.

Ohne ihre Geduld mit mir wäre dieses Buch nicht möglich gewesen. Ohne ihre Reflexionen darüber, was sie antreibt und was sie erreichen konnten, würden die Geschichten im Buch blass bleiben. Mehr noch: Ihr Vorbild macht diese Gesellschaft zu einer, in der man leben möchte.

Ganz besonders verpflichtet fühle ich mich auch den Menschen, die mit mir am Manuskript arbeiteten. Meine

Freundin Alexandra half mir entscheidend dabei, bei jeder Geschichte genau das zu betonen, was über den Einzelfall hinausweist und von genereller Bedeutung für jeden Nachahmer ist. Meine Kollegin Marlies Uken griff mir in der letzten Phase sportlich unter die Arme. Ihre flotte Hilfe war sehr wertvoll für mich.

Bewährt hat sich die Zusammenarbeit mit meinem Agenten Florian Glässing und dem Ludwig Verlag. Ich bedanke mich besonders bei meiner Lektorin Andrea Kunstmann.

Den Kolleginnen aus meiner Schreibklause in Altona bin ich verpflichtet, weil sie immer wieder den Kopf in mein Büro steckten und mich aufmunterten. Ohne den Webseitenspezialisten Christian Josam und die Grafikerin Vera Hoescheler wiederum hätte ich nie meine Nonnenmacher-Aktion so bildgewaltig umsetzen können.

Man hätte erwarten können, dass meine Familie gegen meinen Hang zum Aufstand rebelliert. Weit gefehlt. Mein Mann hat das Projekt nach Kräften unterstützt. Meine Kinder kleben nicht nur »Rettet das Klima«-Sticker auf die größten Spritschlucker bei uns im Stadtteil, sondern setzen die großen Erkenntnisse auch im Kleinen um – und drehen beispielsweise die Heizung in ihren Zimmern herunter. Die Feuertaufe im Alltag bestanden die Überlegungen in diesem Buch, als mein Sohn selber das erste Mal bei einer Demo auf der Straße stand und vorher ein Banner in unserer Garage malte.

Ich kann meiner Familie kaum angemessen danken für ihren Beitrag. Dieses Buch ist auch das ihre.

Bildnachweis

S. 17: © akg-images
S. 35: © Erik Seemann, SPIEGEL ONLINE
S. 61: © Norbert Siegl, Wien, Graffiti-Archiv
S. 77: © Conny Böttger
S. 97: © Sybille Baier
S. 117: © Philipp Markhardt
S. 133: © Richard Reynolds
S. 151: © Kirsten Brodde
S. 152: © Kirsten Brodde
S. 173: © Greenpeace e.V.
S. 188: © ddp images/Sascha Schuermann
S. 202: © Jakob Huber